ÁNGELES A MI LADO

ÁNGELES A MI LADO

BETTY MALZ

CASA
CREACIÓN

La mayoría de los productos de Casa Creación están disponibles a un precio con descuento en cantidades de mayoreo para promociones de ventas, ofertas especiales, levantar fondos y atender necesidades educativas. Para más información, escriba a Casa Creación, 600 Rinehart Road, Lake Mary, Florida, 32746; o llame al teléfono (407) 333-7117 en Estados Unidos.

Ángeles a mi lado por Betty Malz
Publicado por Casa Creación
Una compañía de Charisma Media
600 Rinehart Road
Lake Mary, Florida 32746
www.casacreacion.com

No se autoriza la reproducción de este libro ni de partes del mismo en forma alguna, ni tampoco que sea archivado en un sistema o transmitido de manera alguna ni por ningún medio—electrónico, mecánico, fotocopia, grabación u otro—sin permiso previo escrito de la casa editora, con excepción de lo previsto por las leyes de derechos de autor en los Estados Unidos de América.

A menos que se indique lo contrario, el texto bíblico ha sido tomado de la Santa Biblia, Nueva Versión Internacional® NVI® copyright © 1999 por Bíblica, Inc.® Usada con permiso. Todos los derechos reservados mundialmente.

Las citas de la Escritura marcadas (RVR60) corresponden a la versión Reina-Valera © 1960 Sociedades Bíblicas en América Latina; © renovado 1988 Sociedades Bíblicas Unidas. Utilizado con permiso.

Las citas de la Escritura marcadas (RVR1977) corresponden a la revisión 1977 de la Versión Reina-Valera de la Biblia, realizada bajo los auspicios de CLIE, por un equipo de especialistas en traducción bíblica. © 1977 por CLIE para la presente Revisión 1977 de la Versión Reina-Valera.

Traducido por: Ernesto Giménez
Diseño de la portada: Vincent Pirozzi
Director de diseño: Justin Evans

Copyright © 1986 by April Upchurch
Originally published in English under the title:
Angels by My Side
by Chosen,
a division of Baker Publishing Group
Grand Rapids, Michigan, 49516, U.S.A.
All rights reserved.

Copyright © 2014 por Casa Creación
Todos los derechos reservados

Library of Congress Control Number: 2014943388
ISBN: 978-1-62136-836-6
E-book ISBN: 978-1-62136-840-3

Impreso en los Estados Unidos de América
14 15 16 17 18 * 5 4 3 2 1

*Este libro tiene el propósito de
llevar esperanza a los indefensos
y ofrecer ayuda a los temerosos*

Contenido

Agradecimientos   ix
Introducción   xi

1. Entre dos mundos   1
2. ¿Cuándo vienen los ángeles?   12
3. Ángeles protectores   30
4. Ángeles al rescate   42
5. Ángeles e intercesión   55
6. Ángeles mensajeros   70
7. Los ángeles y la tentación   87
8. El enfoque adecuado   103
9. Cerrar la brecha   112

   Epílogo: Una mirada hacia adelante   123

Agradecimientos

Mi agradecimiento a:

Ann Weinheimer, por su asesoramiento editorial
Len LeSourd, que animó a emprender este reto
P. J. Zondervan, que creyó que podía hacerlo
Mi amiga Vicky Hagen por apoyarme con sus oraciones…

y por sus contribuciones, investigaciones y sugerencias a:

Dwight Temiendo
Delores Eggen
Gloria Hutchens
Sheri Knipe
Dr. Donald Van Hoozier
Veva Rose
Dr. Marvin Perkins, mi hermano
Clarinne Koeppe
Carl Nelson

ÁNGELES A MI LADO

Patty Opsal
John y Mark Pryor Torness
Rev. Millington

Introducción

En una ocasión le comenté a nuestro viejo amigo misionero Morris Plotts: "Me gustaría leer un buen libro sobre la obra de los ángeles". Él simplemente respondió: "¿Y por qué mejor no escribes uno?".

"Yo no voy a hacer eso", le dije. Y es que en realidad no me atrevía a abordar semejante tema, a pesar de la enorme fascinación que los ángeles ejercían sobre mí. Además, mi naturaleza práctica se negaba a ser asociada con esa clase de personas que usan ángeles para adornar el capó de sus automóviles o que se jactan de tener sus propios ángeles privados a su servicio.

Mi amigo insistió: "Lee 'el libro del futuro'. En Apocalipsis, el libro que narra las cosas que ocurrirán en el futuro, se habla de ángeles en relación con quienes gobernarán los asuntos de los hombres y las naciones, controlando el clima y la guerra, librando batallas, declarando el evangelio de Jesús, y anunciando su regreso a esta tierra". Y luego añadió: "A medida que nos vamos acercando a ese gran día, los ángeles ayudarán cada vez más a los siervos de Dios a alcanzar los confines de la tierra con el evangelio".

Estuve de acuerdo. Sonaba como un estudio fascinante, y más tarde me pregunté si en realidad la actividad de los ángeles aumentaría en el mundo con el paso del tiempo, así como él decía. De hecho, pareciera que la mayoría de la gente ni siquiera está al tanto de su presencia, y que solo los recuerda como seres celestiales que anunciaron importantes acontecimientos en los tiempos bíblicos.

Traté de olvidarme de la sugerencia de escribir el libro, pero curiosamente esta parecía perseguirme, hasta que finalmente me di cuenta de que él tenía razón. Cada vez que salía a una gira de conferencias, ya sea antes de ser entrevistada ante una audiencia televisiva o al hablar con algún compañero de viaje en el avión, siempre alguien me confiaba de manera entusiasta su propia experiencia personal con los ángeles. Mi amigo Morris no se quedó atrás. De hecho, la de él es tal vez la experiencia más fascinante que he escuchado. ¡Hasta en los comerciales de televisión me aparecían a cada rato personajes de ángeles recordándome el asunto!

Descubrí que cuanto más reflexionaba sobre el libro de los ángeles, más me sentía impulsada a escribir sobre su maravillosa obra. Quería escribir un libro reconfortante que estimulara a la gente común a aprovechar los extraordinarios recursos de la ayuda angelical. Me convencí totalmente de que Dios usa a los ángeles para ayudarnos durante las etapas más difíciles de la vida, las cuales no podríamos superar sin la ayuda divina.

Introducción

Este libro es entonces un recorrido de aventuras prácticas. No fue hecho con el propósito de entretener, sino de investigar las maneras en que los ángeles trabajan, conocer los momentos específicos en que estos nos ayudan, y obtener una perspectiva correcta sobre ellos. Algunas de las historias parecerán increíbles, pero no más que los relatos bíblicos de la labor de los ángeles.

Fue una búsqueda fascinante que comenzó hace años con mi propio encuentro con un ángel, mi ángel de la guarda.

Tal vez mi historia no es común en el sentido de que viví para contarla, y es que, por muy sorprendente que parezca, tuve que morir para comenzar a entender el grado en el que los ángeles cuidan de nosotros.

Pero me estoy adelantando a la historia.

1

ENTRE
DOS MUNDOS

Cuando salimos de vacaciones aquella primavera de 1959, no tenía idea de cómo mi vida estaba a punto de cambiar. Mi marido, mi hija, y yo, salimos junto a mis padres hacia la soleada Florida y, aparte un malestar persistente que elegí ignorar, mi vida no podía haber sido mejor.

Atribuía mi seguridad a mi fe práctica: le había entregado mi corazón a Jesús siendo niña, y sabía que iría al cielo cuando muriera, así que estaba satisfecha en mi negativa a creer cualquier cosa que yo no pudiera ver o explicar. Como no había razón alguna para sentirme preocupada, continué ignorando una ligera molestia en el costado que necesitaba ser atendida.

Entonces, de repente una noche pasé la etapa de la advertencia. Sentí como si algo estuviera a punto de explotar en mi costado; como algo hirviendo que me quemaba sin piedad. Fui llevada en una ambulancia a un hospital cercano al hotel.

Los médicos lucharon durante días para encontrar un diagnóstico, hasta que una cirugía reveló que había sufrido la ruptura del apéndice once días atrás, y que una masa gangrenosa había recubierto todos mis órganos, causando que se desintegraran. A pesar de que caí en coma yo seguía en negación mientras mi familia oraba y daba gracias a Dios por haberme permitido vivir hasta ese momento. Los doctores se reunieron con mi familia sin estar yo presente para informarle que debido a que mi estado se había complicado debido a una neumonía y unas venas colapsadas, las probabilidades de sobrevivir eran mínimas.

Una mañana temprano, después de haber permanecido en coma durante cuarenta y cuatro días, la enfermera de turno en el tercer piso vino a revisar mis signos vitales y no encontró respuesta a sus sondeos. Había cruzado de esta vida a la otra. A las cinco en punto de la mañana un doctor me declaró clínicamente muerta, me tapó la cara con la sábana, y salió de la habitación a oscuras. Ese fue el estado en el que mi padre, que había despertado en medio de la noche con un imperioso deseo de estar conmigo, me encontró veintiocho minutos más tarde.

Yo por supuesto no sabía nada de estas actividades terrenales. Yo sentía como si estuviera en una montaña rusa en Disneylandia, y hubiera llegado a mi destino en la cima más alta de la euforia. Fue como tomar el avión más rápido imaginable desde la tierra hasta otro planeta, un lugar brillante y glorioso bajo un cielo azul profundo en el que no había miedo, sino solo paz y belleza.

Inmediatamente advertí una música majestuosa, llena de exquisitas armonías producidas por innumerables coros. Alrededor de mis pies, flores ondulantes salpicaban con su color los prados de verde terciopelo.

Me sentía realizada, joven, viva, mientras caminaba de manera firme y decidida hacia una ciudad brillante sobre una hermosa colina. Nunca había experimentado tal alegría o ansiedad.

Entonces, me di cuenta de que no estaba sola. Miré a mi izquierda y vi a un compañero alto, con una brillante túnica blanca. ¡Era un ángel! Recordé mis pensamientos infantiles sobre los ángeles, en los que me preguntaba qué hacían y cómo lucirían, pero nunca imaginé que serían seres de tanta belleza, poder, y majestad. Su rostro tenía rasgos masculinos, y sus manos eran grandes y fuertes.

Me sentí cómoda en su presencia, y de alguna manera supe que había estado conmigo desde que tenía trece años y acepté a Jesús como mi Señor y Salvador. Nunca supe que él estaba allí, posiblemente porque nunca estuve muy al tanto de mi entorno o de mi necesidad. Pero, sin lugar a dudas, él era una parte necesaria de la transición que estaba experimentando de la vida que abandonaba a la nueva vida que tenía por delante.

Juntos, dábamos largos pasos, e incluso grandes

zancadas hacia la hermosa colina. Ninguno pronunciaba palabra alguna, pero podíamos comunicarnos fácilmente con solo pensar lo que queríamos expresar. También me di cuenta de que podíamos viajar tan rápido como nuestros pensamientos pudieran elegir un destino. El deseo de ver a mi abuela durante mi infancia, por ejemplo, nos transportó hacia el columpio que ella tenía en su pórtico, con la cálida brisa del verano y la madreselva endulzando el aire. Aun así, caminábamos sin parar hacia nuestro destino.

Llegamos hasta una enorme placa de perla transparente que aparentemente era una puerta en las murallas de la ciudad, a través de la cual pude detectar un enorme brillo. Mi ángel de la guarda extendió la mano para tocarla, y fue como que si con la calidez de su toque hubiera derretido el material, haciendo que este se abriera hasta los bordes de la puerta.

Al instante fui bañada por una cálida luz y me sentí plena. Cada anhelo de mi corazón encontró una satisfacción completa en el torrente de poder de esa luz. Algunas veces, cuando he disfrutado de momentos de resplandor y logros en mi vida, siempre permanece una pequeña cavidad vacía en las cámaras secretas de mi alma. Ahora sé que se trata del anhelo de este nuevo hogar; que nada más ha podido llenarlo.

Mis ojos fueron atraídos hacia Uno que estaba sentado en un trono de oro, y vi la fuente de la luz deslumbrante. El rostro de Jesús brillaba con un resplandor maravilloso.

Tuve que bajar la mirada. Este se reflejaba sobre el bulevar de oro en el centro de la ciudad, y era la misma luz que fluía a través de mí.

Otros, aparte de mí y mi compañero, eran también atraídos por el poder de esa luz. Reconocí a personas alrededor del trono que había muerto durante mi vida, y ellos también me reconocieron. Todos compartíamos la convicción de que habíamos alcanzado nuestras verdaderas identidades. Habíamos alcanzado lo que siempre habíamos anhelado.

Muchos hacían lo mismo que hacían en la tierra, pero de una manera perfecta, sin obstáculos o impedimentos. Vi a varios floristas tender afanosamente unas delicadas flores, como las que había admirado mientras ascendía hasta la colina. Pero ahora estaban trabajando para un empleador diferente en un ambiente en el que no había sequías, plagas, ni dolores de espalda. Del mismo modo, los constructores estaban ocupados en la construcción de viviendas (de alguna manera supe que estaban esperando a un gran número de personas) y muchos otros perseguían sus sueños.

Jamás habría pasado por mi mente abandonar este lugar tan impresionante, pero las cosas estaban por cambiar. De repente hacia mi derecha vi como rayos de luz que subían directamente de la tierra y que entraron en la sala del trono, en la presencia de la gran luz original, la fuente de toda la energía, el calor, la creatividad y el poder. Los rayos de luz, rectos y veloces como rayos láser, eran oraciones. Y de pie alrededor de la sala del trono había ejércitos de ángeles a la espera de órdenes para ejecutar las respuestas.

En un rayo determinado, vi y escuché una oración de una sola palabra, y reconocí la voz del que oraba. Era mi padre. Él simplemente susurró el nombre *Jesús*, y en él iba implícito el deseo de que yo no hubiera muerto. Su oración se convirtió en mi deseo.

Inmediatamente sentí como si estuviera en un ascensor descendiendo a una velocidad alarmante. Finalmente se redujo la velocidad y me detuve. Todo quedó en silencio. Seguidamente abrí los ojos en la habitación del hospital y miré el asombrado rostro de mi papá. Había vuelto a la vida.

El médico que me había declarado muerta estaba pasmado. El mismo que validó que había estado muerta durante veintiocho minutos, me envió a mi casa dos días después sin dificultades físicas discernibles causadas por mi extraordinaria experiencia.

Pero yo había aprendido lecciones muy valiosas. Ahora, por ejemplo, tengo una mejor comprensión de las relaciones humanas, y siento unas ganas tremendas de hablarles a otros de Jesús. También aprendí que no debo creer solo lo que puedo explicar con mi lógica práctica. Pero lo que me sorprendió más de todo lo que vi fueron la actividades de los ángeles ministrando frente a la presencia de Dios; unos seres que nunca había visto y de los cuales jamás me había preocupado mucho, a pesar de que durante mi niñez tuve agradables encuentros con el concepto de los ángeles.

Uno de ellos fue una pintura titulada "Ángel de la guarda", que desde que tengo uso de razón cuelga de una pared en casa de mis abuelos. En ella puede verse a un niño y una niña en un puente que cruza una cascada. El chico está recogiendo flores silvestres, inclinándose sobre algunas tablas que faltan en el puente, mientras que su hermana pequeña sostiene algunas de las flores que él ya ha recogido. Tal vez las flores son para una abuela enferma, o para sorprender a sus padres al llegar a casa. En cualquier caso, el mensaje que recibí de niña fue que el ángel que estaba detrás de ellos tenía la asignación de protegerlos, especialmente porque estaban recogiendo flores para alguien más.

Una noche, durante una terrible tormenta, me acurruqué cerca de mi abuela y escondí mi rostro para no ver los relámpagos ni oír los ensordecedores truenos. La abuela Burns tomó su linterna, dirigió el rayo de luz hacia ángel de la guarda en el cuadro, y citó el Salmo 91:11: "Porque él ordenará que sus ángeles te cuiden en todos tus caminos".

De alguna manera, la pintura me ayudó a entender el significado del versículo bíblico. Los niños estaban en una situación peligrosa, pero estaban siendo "cuidados en todos sus caminos". El hecho de pensar que los ángeles de Dios me estaban protegiendo a mí también en una situación peligrosa, me ayudó a no tener miedo.

Veintidós años después, aquella lección de protección angelical se hizo realidad en mi casa. Mi hija Brenda, de seis años, y yo, estábamos en casa solas, pidiéndole a Dios que nos cuidara mientras un tornado destruía decenas de casas a nuestro alrededor. Yo señalé el cuadro del ángel de la guarda, que ahora colgaba en nuestra sala de estar, y proclamé en voz alta el versículo del Salmo 91.

En cuestión de segundos la casa fue alcanzada por la fuerza del tornado. Los vientos levantaron el techo con un rugido enorme. Brenda y yo nos abrazamos y nos acurrucamos en una esquina. Cuando pudimos finalmente descubrir nuestras caras y mirar a nuestro alrededor, vimos que solo una pared quedaba de pie, mientras que nosotras y nuestro perrito Smokey estábamos a salvo y sin un solo rasguño.

A dos millas de distancia de nuestra casa encontré algunas fotos familiares, una lámpara, y el cuadro del ángel de la guarda, empapado. Ahora lo atesoro como un maravilloso recordatorio de la protección que Dios nos brinda a través de sus ángeles guardianes. Estoy convencida de que ellos estuvieron a nuestro alrededor ayudándonos.

De hecho, durante mi vida he sobrevivido a una serie de situaciones muy riesgosas, tantas, que siempre recuerdo con una sonrisa la forma en que fui presentada en una convención de la Fraternidad Internacional de Hombres de Negocios del Evangelio Completo en San Ángelo, Texas. Un enorme tejano puso su brazo sobre mi hombro y dijo: "Aquí tenemos a Betty Malz. Con todo lo que ha sobrevivido, ¡podríamos decir que este gato tiene nueve vidas!". Todo el mundo se echó a reír, y desde entonces siempre pienso que en verdad Dios debe haber necesitado un equipo adicional ángeles de la guarda para mí, una mujer bien intencionada pero propensa a los accidentes.

Casi muero al nacer, tomé veneno una vez por error pensando que era una medicina, y casi me caso con un trastornado mental solo porque era guapo y porque yo estaba engañada por mi solitario corazón. Sobreviví a la ruptura de mi apéndice, logré virar mi vehículo en el último segundo antes de que se abriera un socavón en Florida, y sobreviví cuando el tornado destruyó nuestra casa en Indiana. Logré salirme de un automóvil volcado en Dakota del Norte, y casi se estrella el avión en el que iba en Santa Ana, California.

Después de haber caminado junto a mi ángel, y de ver a un sinnúmero de ángeles de pie delante del trono de Dios listos para recibir órdenes, no solo creo que los ángeles existen, sino que me siento cada vez más fascinada por las actividades que desarrollan aquí en la tierra. Sé que ellos tienen la misión de cuidarnos—yo misma los vi salir como relámpagos para cumplir los mandamientos de Dios—, pero comencé a tener una serie de interrogantes.

¿Yo tengo solo un ángel de la guarda, o hay otros ángeles disponibles para intervenir en mi ayuda? ¿En qué momento los seres humanos podemos buscar su ayuda?

¿Supervisan ellos todas nuestras actividades diarias? ¿Está mi ángel siempre a mi lado, en todo momento? Yo pensé que sabía la respuesta a esta última pregunta. Creía que él estaba siempre conmigo. Pero hubo algo significativo en mi experiencia cercana a la muerte que produjo incluso más preguntas sobre la ayuda de los ángeles en nuestras vidas.

¿Había algún denominador común en estas y otras experiencias que pudiera explicar cuándo están disponibles los ángeles para ayudarnos?

En todas las historias de ángeles que he escuchado, he logrado identificar ese denominador común—aparte de la disposición innata de los ángeles a ayudar—: Todas las personas que han recibido ayuda de los ángeles han tenido una necesidad que ellas mismas han sido incapaces de satisfacer. Tal vez no tenían la fuerza, el conocimiento, o la resistencia física para cambiar una situación específica. Durante mi experiencia cercana a la muerte, por ejemplo, fui ayudada por un ángel en la transición entre dos mundos.

Así como Dios buscó a alguien en los tiempos del Antiguo Testamento para que "sacara la cara" por Israel a través de la intercesión (ver Ez. 22:30), nosotros muchas veces tenemos la misma necesidad, ya sea de intercesión o de acción. Las experiencias personales que he tenido y que he escuchado de otros me han revelado una cantidad de situaciones diferentes en las que nos encontramos en momentos de transición entre nuestra necesidad y la respuesta.

Usted puede quedar tan sorprendido como lo estuve yo al darse cuenta de que esto sucede mucho más de lo que se imagina.

¡Qué consuelo brinda saber que las huestes del Señor siempre están velando por nosotros!

Comencemos analizando el asunto de cuándo vienen los ángeles, y de cuándo no vienen.

2

¿Cuándo vienen los ángeles?

Mi padre, como ministro, casi se arrepiente de haber comenzado una reunión de oración un miércoles en nuestra comunidad rural con esta pregunta: "¿Tiene alguien un testimonio de respuesta a una oración que quiera compartir antes de tomar las peticiones de oración de esta noche?".

Varias manos se levantaron, y mi padre le cedió la palabra a un hombre que estaba sentado en la fila detrás de mí. Yo era una niña, pero incluso para mí Clyde lucía como un pequeño hombre frágil, a diferencia de su esposa Samanta. De pie, con su sombrero en la mano, Clyde contó su testimonio con su acento campesino.

"Anoche estaba tratando de dormir, pero un ratón en nuestro armario no dejaba de roer y de hace ruido. Así que oré, y le pedí a Dios que enviara un ángel para que matara a ese molesto ratón por mí. Y tal cual ocurrió—continuó

Clyde—. Esta mañana amaneció el ratón junto a la puerta del armario extendido como un panqueque".

Por la mirada de amable consternación que puso mi padre, supe que estaba esforzándose en encontrarle una conclusión espiritual a las palabras de Clyde. Pero antes de que pudiera dar con una, Samanta, que estaba sentada justo detrás de mí, se rodó hacia adelante para levantarse. Yo sabía por experiencia que cada vez que ella se sentaba detrás de mí y se ponía de pie, su enorme estómago golpeaba mi cabeza. Así que me deslicé hasta el borde de mi banco y me volví para mirarla, esperando que ante los ojos vigilantes de mis padres mi actitud luciera como de respetuoso interés por lo que ella diría.

"Hermanos—dijo con una gran sonrisa, y también con acento campesino—, permítanme explicar lo que ocurrió. No fue ningún ángel el que mató a ese ratón. Fui yo misma. Tomé una de las chanclas de Clyde y lo aplasté". Al decir esto se dejó caer nuevamente en la banca, y seguidamente Clyde se puso de nuevo de pie.

"Está bien—dijo asintiendo con la cabeza a las caras sonrientes que lo miraban—, esto solo demuestra que Dios puede usar cualquier cosa para ayudar a los ángeles a contestar nuestras oraciones".

Para ese momento ya mi padre había encontrado qué decir y respondió con una de sus ocurrencias, pero yo casi no le presté atención, pues me había quedado abstraída en la expresión del rostro de Clyde. Jamás olvidaré su cara de satisfacción al explicar la maravilla que los ángeles de Dios habían hecho, según él lo entendía.

Ahora después de muchos años, al recordar este gracioso episodio, concuerdo en que ciertamente Dios puede usar "cualquier cosa" para llevar a cabo sus planes de bienestar, ¡aunque tal vez deberíamos ser más selectivos en cuanto a los trabajos que esperamos que los ángeles lleven a cabo!

De alguna manera, yo dudaba de que los ángeles fueran enviados para hacer trabajos que nosotros podríamos hacer fácilmente, o simplemente por caprichos tontos.

Pero me preguntaba... si hay ciertos momentos en los que sabemos que los ángeles no vienen, ¿qué tipo de situaciones debemos estar enfrentando antes de que ellos intervengan a nuestro favor? Si supiéramos más acerca de su ministerio, tal vez podríamos entender cuándo buscarlos. ¿Cuál era entonces la comprensión adecuada del papel de los ángeles en nuestras vidas?

La Biblia parecía el mejor lugar para encontrar una respuesta, e incluso un vistazo rápido en mi concordancia me dejó asombrada por los múltiples relatos de ángeles en la Escritura.

Un ángel ayudó al siervo de Abraham a elegir una esposa para Isaac (ver Gn. 24:7).

Jacob vio ángeles subiendo y bajando por una escalera celestial llevando y trayendo mensajes y ejecutando los deseos de Dios para sus hijos (ver Gn. 28:12).

Moisés recibió instrucciones por medio del ángel del Señor en la zarza ardiente (Éx. 3:2).

Mientras Balaam planificaba maldecir a los hijos de Dios para su beneficio personal, un ángel del Señor se interpuso en su camino a pesar de que él no pudo detectarlo. Su mula sin embargo lo vio, y se negó a pasar por el puesto de control angelical. Este incidente salvó las vidas de muchos israelitas, incluyendo la del propio Balaam (Nm. 22:32-33).

Ángeles anunciaron no solo el nacimiento de Jesús, sino también su resurrección (ver Lc. 1-2, Mt. 28:5-7); y estarán con Jesús cuando Él regrese nuevamente (ver Mt. 24:30-31; 1 Tes. 4:16).

Un ángel visitó a Pablo, dándole un apoyo que más tarde salvó a doscientas setenta y seis almas de un naufragio (ver Hch. 27:22-24).

Un ángel visitó la casa de Cornelio a las tres de la tarde, y le dijo que Dios había escuchado sus muchas oraciones y había visto lo que él había hecho por el pueblo. debido a esta visita, la casa de Cornelio fue salva (ver Hch. 10:2-3).

Un ángel del Señor dirigió a Felipe en su ministerio (ver Hch. 8:26-40).

Los ángeles se regocijan por los pecadores que se arrepienten (ver Lc. 15:10), y son testigos cuando Jesús declara que somos sus seguidores (ver Lc. 12:08).

Como seguidores de Jesús, lo vemos a Él como el ejemplo supremo de vida cristiana. Y dado el número de relatos registrados en la Biblia de alianza de Jesús con ángeles, concluyo que estos deben ser una parte importante, e incluso vital, en el trato de Dios con sus hijos terrenales.

Casi todo el mundo está familiarizado con los relatos de ángeles relacionados con el nacimiento de Jesús: la manera en que le comunicaron la noticia a María, a José, y a los pastores en los campos. Pero, ¿qué podemos decir de su adultez? ¿Qué relación tuvo en esa etapa de su vida con los ángeles?

En el Evangelio de Mateo, Jesús aparece públicamente por primera vez en ocasión de su bautismo en el río Jordán. Inmediatamente después, se nos dice en el capítulo 4 que el Espíritu Santo lo llevó al desierto donde ayunó y fue tentado por el diablo. Después de haber rechazado la tentación del diablo, leemos: "Entonces el diablo lo dejó, y unos ángeles acudieron a servirle" (ver. 11). Jesús necesitaba fuerzas para una batalla espiritual contra un enemigo implacable. Tenía hambre y estaba físicamente débil, y los ángeles vinieron a ministrarle, dándole justo lo que necesitaba.

Supongamos que usted y yo hemos estado también luchando batallas espirituales, tratando de cambiar nuestro mundo para mejor. ¿Podemos esperar que vengan ángeles a servirnos con poder sobrenatural? ¡Eso suena demasiado bueno para ser verdad!

Jesús vivió una vida perfecta. Él obedeció al Padre en todas las cosas. Es absolutamente justo que haya recibido toda la ayuda celestial. Pero recuerde que Él es nuestro ejemplo. Nosotros no podemos vivir una vida perfecta, pero podemos hacer nuestro mejor esfuerzo para ser como Él. En 1 Pedro 1:15 se nos dice: "Sean ustedes santos en todo lo que hagan, como también es santo quien los llamó". ¿Podría ser que nuestra lucha por llegar a "ser en todo como aquel que es la cabeza" (Ef. 4:15), por seguir su ejemplo, incluya la creencia expectante, como Él mismo la tuvo, en la ayuda angelical?

No puedo dejar de pensar en otros hombres y mujeres de fe mencionados en la Biblia, y encontrar casi invariablemente que muchos siervos de Dios fueron ayudados por ángeles en medio de situaciones difíciles.

Cuando Elías fue al monte Carmelo a demostrarles a los adoradores de Baal que había un solo Dios verdadero, personalmente no pudo hacer nada para convencerlos (ver 1 R. 18:21). Elías había desafiado a cincuenta falsos profetas a hacer una prueba. Cada uno debía preparar una ofrenda de sacrificio. Luego, los seguidores de Baal debían invocar a su dios para que enviara fuego y consumiera su ofrenda. Mientras tanto, Elías oraría a su Dios para que encendiera la ofrenda suya. Quien respondiera con fuego del cielo sería reconocido como el Dios verdadero Dios.

Elías tenía la misma incapacidad que tenían los adoradores de Baal de hacer que bajara fuego del cielo, pero confiaba en que Dios actuaría. Después del fracaso de los paganos en encender la ofrenda, y como para no dejar dudas de que era Dios el que actuaría, empapó tres veces con agua el cadáver del buey y la madera donde lo había colocado.

Luego alzó la vista al cielo y oró:

> "Señor, Dios de Abraham, de Isaac y de Israel, que todos sepan hoy que tú eres Dios en Israel, y que yo soy tu siervo y he hecho todo esto en obediencia a tu palabra. ¡Respóndeme, Señor, respóndeme, para que esta gente reconozca que tú, Señor, eres Dios, y que estás convirtiendo a ti su corazón!".
>
> —1 R. 18:36-37

Me gusta imaginar a decenas de ángeles con antorchas ardientes reunidos en la puerta del cielo, recibiendo la orden: "¡Vayan!". Inmediatamente cayó fuego del cielo.

Cuando la ofrenda fue consumida, y las llamas lamieron hasta el agua de la zanja circundante, Elías mató a los falsos profetas y ganó un buen número de conversos al verdadero Dios.

Su experiencia de ayuda angelical ocurrió poco después de este acontecimiento. Cuando Elías supo que la malvada reina Jezabel pretendía vengar la sangre de sus profetas muertos, huyó al desierto y se escondió debajo de un árbol. Al parecer, el miedo le había hecho olvidar que cuando servimos a Dios, Él nos mantiene bajo su cuidado protector. Después de decirle al Señor cuan cansado y desanimado estaba, se quedó dormido.

Pero Elías nunca se había apartado de la protección del

¿Cuándo vienen los ángeles?

Señor. Él había sido obediente y el Señor no se olvidó él. Un ángel se le apareció con alimento y despertó a Elías con las palabras: "Levántate y come". Elías fue alimentado con un panecillo y agua en medio de una tierra árida y seca, y sobrevivió cuarenta días con la fuerza que le dio esa única comida de procedencia celestial.

Este relato del profeta del Antiguo Testamento nos da al menos tres importantes directrices para poder esperar ayuda angelical. En primer lugar debemos ser obedientes. Si se nos presenta una situación imposible, con la dirección del Señor podemos esperar que sus ejércitos nos defiendan. En segundo lugar, debemos actuar sin egoísmos. Si estamos promoviendo una causa egoísta no tenemos derecho a buscar intervención. Pero si estamos haciendo lo que Dios nos llama a hacer, motivados por el amor y el servicio a los demás, podemos y debemos esperar un tratamiento especial. Y en tercer lugar, honrar a Dios.

Este puede ser el más importante de los tres principios. ¿No estamos supuestos a amar a Dios con todo nuestro corazón, nuestra alma, nuestra mente y nuestra fuerza?

Mientras absorbía estas primeras lecciones angelicales por parte de Elías, me encontraba preparándome para hablar en el Centro de Convenciones de Minneapolis, en un campestre del ministerio de Lowell Lundstrom. En las semanas previas a la convención, mi marido y yo habíamos asistido a la graduación de nuestra hija, habíamos tratado de vender nuestra granja, empacamos todo, nos mudamos a Dakota del Norte, y albergamos una reunión de siete días con quince personas en nuestro nuevo hogar. Además de eso, me hicieron un tratamiento de conducto, tuve un absceso, una infección en mi vejiga, y calambres en las piernas.

El día de julio en el que me tocaba hablar, la humedad en Minnesota era de noventa y dos por ciento. Estuve a punto de cancelar, pues no soportaba físicamente. Pero en ese momento recordé la manera en que los ángeles habían ayudado a Jesús y a Elías. Recordé el versículo: "Pedís, y no recibís, porque pedís mal" (Stg. 4:3, RVR60). Por alguna razón tenía la certeza de que Él quería que yo hablara en el centro de convenciones esa noche. Así que decidí pedirle ayuda angelical.

Horas más tarde, exhausta pero obediente, pasé al podio, y ciertas palabras del apóstol Pablo llegaron a mi mente. Sonreí y las parafraseé adaptándolas a lo que estaba experimentando:

"Yo, Betty, no vengo a ustedes con palabras persuasivas, sino con un dolor de muelas, un dolor de pierna, una infección en la vejiga, y las medias corridas".

Todos reímos, y sentí nuevas fuerzas. Yo estaba allí para ayudar a ministrar las necesidades de las personas, y, al igual que mi modelo Jesús, orar por ellos.

Apenas me propuse permanecer firme y creer que Dios satisfaría mis necesidades para que yo pudiera servirle, sentí una sensación pulsátil en todo mi cuerpo, incluso en mi cuero cabelludo. A medida que una fuerza como de electricidad pasa a través de mí, el malestar y los dolores se fueron, y todos disfrutamos juntos de una tarde gloriosa.

No puedo afirmar haber visto a un ángel venir con un maletín médico, o que los asistentes hayan notado una aureola brillando sobre mi cabeza. Pero sí puedo decir que Jesús envía provisiones sobre las alas de los ángeles, y que aún hoy disfruto de la fuerza de aquella oración contestada. Al igual que Elías, estaba agotada, e hice uso de la energía de Jesús. ¡Qué alegría sentí por el deseo de Jesús de enviar a esos ángeles desde el recinto de su trono de para ayudarnos!

Mi entusiasmo casi sufre un cortocircuito unos días más tarde cuando una mujer llamada Rae vino a mí con una pregunta contundente. Ella era una joven madre que había perdido a su esposo, un piloto de 28 años de edad, en un accidente aéreo. Hablamos de la muerte de Will, hasta que la voz de esta joven viuda dijo con una furia inusitada:

"¿Dónde estaba el ángel guardián de Will el día que se estrelló contra ese puente? Mis parientes son personas religiosas y me dicen que él está ahora en los brazos de Jesús porque era un creyente. Pero eso no me reconforta mucho. Mis suegros dicen que todo estaba predestinado—que lo que ha de pasar pasará y no podemos evitarlo—, y me aconsejan que deje mi rabia y me resigne. Pero eso solo me deja con más preguntas. ¿Para qué entonces oramos pidiendo seguridad? ¿Qué sentido tiene entonces orar?".

Como no respondí de inmediato, Rae repitió su pregunta sin respuesta: "¿Por qué ningún ángel protegió a Will?".

En mi mente no daba con una respuesta satisfactoria, pero podría orar para que Dios me diera una. Así que inclinamos nuestras cabezas y le pedí a Dios que le diera consuelo y sanara su dolor. Entonces, le pedí a Dios que hablara con ella personalmente. Después de todo, todos estamos a la misma distancia del trono de Dios y podemos llegar a él por medio de la oración. Después de orar lució más tranquila, y le dije que esperaba que pronto ambas tuviéramos la respuesta a su pregunta.

Un tiempo después me enteré de que Rae finalmente había superado su dolor. Se había casado con un buen joven cuya esposa había muerto a causa de una enfermedad del corazón. Encontró la felicidad. Un día conversando por teléfono, Rae recordó a su primer marido, y me tropecé con lo que pareció ser la respuesta a su pregunta.

A su esposo lo habían apodado "Will el temerario" por los riesgos que a veces tomaba durante sus vuelos. Él piloteaba prudentemente durante sus vuelos de negocios, o cuando su familia volaba con él, pero cuando estaba solo parecía deleitarse en el peligro. Ya había sido advertido por el alguacil del condado de que si cometía otra infracción de la ley, como volar a baja altura sobre la carretera, le costaría su licencia. El día del accidente, dos motoristas se habían detenido a informarle a la policía sobre un piloto "a vuelo rasante" sobre los automóviles en la carretera, y pasando por encima y por debajo de las líneas eléctricas. Incluso voló lo suficientemente bajo como para hablar por la banda de once metros con los camioneros que estaban en la vía.

De repente, todo se aclaró. Yo había estado leyendo una variedad de pasajes de las Escrituras relacionados con el amoroso cuidado de Dios. En ellos se nos asegura que nadie puede arrebatarnos de la palma de su mano, que Él nos mantiene como a la niña de sus ojos, y que Él nos protege bajo la sombra de sus alas.

En otras palabras, Él nunca nos empujará de la palma de su mano, pero nosotros podemos saltar. Pablo escribe en los primeros versículos de Romanos 13: "Todos deben someterse a las autoridades públicas [...]. Haz lo bueno, y tendrás [la] aprobación [del funcionario a cargo], pues está al servicio de Dios para tu bien".

Rae finalmente entendió claramente como yo que es posible violar las leyes del país, de la naturaleza, o de cualquier autoridad establecida, y salir de la "zona de seguridad" en la que tenemos la protección de los ángeles. La elección de Will de romper las leyes federales de aviación lo alejó de la esfera de protección angelical. Will decidió poner su supervivencia en sus propias manos, y arriesgó demasiado.

Con esto no estoy diciendo que los perímetros de protección angelical son tan frágiles que debemos temer hacer un movimiento en falso porque podríamos perder esa ayuda para siempre. Pero sí creo que, mientras las leyes de los hombres estén en consonancia con las leyes de Dios, Él espera que sigamos sus condiciones y limitaciones. Elegir desobedecerlas bloquea la ayuda angelical tanto como la incredulidad limita la obra de Dios en nuestras vidas.

¿Significa esto que no tendremos dificultades? Yo creo que no. Nuestra congregación siempre entonaba un viejo himno que dice: "¿Debe solo Jesús cargar la cruz, y todo el mundo quedar libre? No. Hay una cruz para todos, y hay una cruz para mí". Tenemos que estar dispuestos a ir donde Jesús nos lleve, y por eso Él les dijo a sus discípulos: "Si alguien quiere ser mi discípulo, tiene que negarse a sí mismo, tomar su cruz y seguirme" (Mt. 16:24).

Pablo pasó una cantidad considerable de tiempo encadenado en prisión por predicar del evangelio; y sin embargo, fue rescatado y guiado por ángeles. Pedro debe haber recordado que Jesús le dijo: "Simón, Simón, mira que Satanás ha pedido zarandearlos a ustedes como si fueran trigo. Pero yo he orado por ti, para que no falle tu fe. Y tú, cuando te hayas vuelto a mí, fortalece a tus hermanos" (Lc. 22:31-32).

¿Fueron ángeles los que ayudaron a Pedro, lucharon a su favor, y lo defendieron hasta que volvió más fuerte que nunca para servir a su Señor? ¿Fueron ángeles los que lo mantuvieron bajo su cuidado mientras fue tratado rudamente, al punto de que fue capaz de soportar incluso la muerte por su Señor? ¡Sí! Cada uno de nosotros puede ser llamado a su debido momento para servir de diferentes maneras; y, sí, los inocentes enfrentarán penurias inmerecidas. pero también sabemos que Dios no dejará que seamos tentados más allá de lo que somos capaces de soportar (1 Co. 10:13). Nuestro Dios es un Dios bueno que no quiere que suframos.

Todo esto podría inquietarnos un poco; y es que, al igual que con la voluntad, coloca cierta responsabilidad sobre nosotros. Dios es perfecto y amoroso, y quiere que nos aferramos a sus provisiones. ¿Por qué entonces muchas veces pareciera que somos incapaces de hacerlo? Si estamos tratando de obedecer a la autoridad legítima, de vivir vidas buenas y altruistas, y de honrar a Dios; y si los ángeles están a nuestro alrededor dispuestos a protegernos, entonces ¿por qué que siempre nos cuesta tanto?

Si bien hay muchos casos de personas que reciben ayuda angelical sin solicitarla, ¿podría ocurrir que nosotros falláramos en aprovechar la prerrogativa que tenemos como creyentes de orar activamente para que los ángeles nos ayuden tanto a nosotros como aquellos a quienes amamos?

Después de mi conversación con Rae, recordé el versículo que me vino a la mente esa cálida noche de julio en el centro de convenciones, cuando el Señor respondió mi oración pidiéndole fuerzas: "Pedís, y no recibís, porque pedís mal". Me di cuenta de que tenía mucho que aprender sobre este tipo de oración, y cuanto más escuchaba historias de apariciones de ángeles en respuesta a oraciones específicas, más confirmaba que esto era realmente importante.

Una de estas historias la recibí de un joven padre que conocí poco antes de una aparición en un programa de televisión cristiano. Sam, un joven que trabaja para el canal que producía el programa, me habló de la lucha que él y su esposa Terry habían tenido una vez para lograr que su joven hijo pudiera dormir pacíficamente toda la noche. A mí me interesó especialmente el asunto, ya que constantemente recibo cartas y llamadas telefónicas de padres con niños entre las edades de cuatro y nueve años que tienen miedo de irse a la cama.

Durante dos largos años, cada noche, desde que tenía cuatro años, Rick comenzaba a llorar a la hora de acostarse. Rogaba que quería quedarse con sus padres, y se despertaba varias veces en la noche aterrorizado por pesadillas. Sam y Terry intentaron de todo. Ponían música cristiana, leían historias alegres antes de acostarse, lo tranquilizaban, oraban con él, e incluso de vez en cuando les tocó darle alguna nalgada. Ellos le pidieron consejo al pediatra y hablaron con un psiquiatra infantil. En cada ocasión les dijeron que habían hecho todo lo posible para que Rick se sintiera a salvo y amado. Estaban completamente desconcertados.

Finalmente un anciano en su iglesia les sugirió que probaran dos cosas. En primer lugar, dijo, debían pedirle Rick que susurrara el nombre de Jesús hasta que se durmiera.

¿Cuándo vienen los ángeles?

En segundo lugar, debían leer en voz alta cierta oración en la habitación de Rick después de que él se durmiera cada noche. Él les escribió la oración. En ella se hablaba de la fe en la Palabra de Dios, y de la seguridad que lo rodeaba como hijo de Dios.

Sam y Terry habían utilizado oraciones similares anteriormente, con la excepción, según notaron, de una sola línea: "Creemos y confesamos que enviarás tus ángeles sobre Rick, y lo acompañarás, lo defenderás, y lo protegerás en todos sus caminos". Esa noche la pareja siguió la sugerencia de su amigo, y despertaron la mañana siguiente asombrados de que ni una sola vez habían sido perturbados por las llamadas nocturnas de su hijo. Por el contrario, esa mañana irrumpió en su dormitorio con una gran sonrisa.

—Rick, ¡dormiste toda la noche! —exclamó Sam.

—Claro que sí, papá—respondió el niño—. Dejé de sentir miedo después de que vino el ángel.

Sam y Terry se miraron.

—¿Qué ángel, cariño? —preguntó Terry.

—El que estuvo aquí anoche. ¿No lo vieron?

Ellos negaron con la cabeza.

—Oh, él caminó por el pasillo, se detuvo en su puerta y los miró, y después entró en mi habitación. Se puso junto a mi cama, y deslizó su mano debajo de mi cabeza. Y, ¿saben lo que dijo?

Una vez más negaron con la cabeza.

—Dijo: "Rick, nunca más tengas miedo".

—¿Y cómo era? —preguntó Sam.

—Como Jesús—respondió el niño sin titubeos—. Llevaba un vestido y brillaba. Era como las cortinas de la sala cuando el sol alumbra a través de ellas. Iluminó toda mi habitación.

Desde esa noche Rick durmió plácidamente, seguro por el cuidado de su visitante; y Sam y Terry están seguros de que un ángel ministró las necesidades de su hijo.

Desde entonces he sabido de muchos niños en diversos lugares y de diversos orígenes que han visto a Jesús o a un ángel que se le asemeja.

He recopilado historias igual de asombrosas por parte de adultos de todas las edades. Y como mencioné anteriormente, he descubierto que la intervención angelical parece darse cuando enfrentamos retos que no tenemos la capacidad de superar, como por ejemplo, cuando estamos en peligro y necesitamos seguridad, cuando estamos indefensos y necesitamos ser rescatados, o cuando luchamos con la tentación y necesitamos fuerzas. Estos son los tipos de casos en los que los ángeles están prestos a obedecer la orden de Dios para nuestra liberación.

Hay ciertos misterios que no vamos a entender completamente sino hasta que lleguemos al cielo, como por qué los inocentes sufren, o por qué algunas personas reciben ayuda angelical sin siquiera haberla pedido. Pero mientras tanto, hay ciertas certezas que pueden ayudarnos a guiarnos por la vida. Cada vez más confirmo cuán cierto ese lema que dice: "Dios paga todas las facturas que autoriza". Cuando actuamos por nuestra cuenta en el ministerio, los negocios, o las finanzas, nos estamos arriesgando. Pero si Dios nos dirige a hacer algo, Él proveerá el deseo, los medios, las herramientas, la manera, e incluso un ángel para que nos ayude.

3

ÁNGELES PROTECTORES

Toda mi vida he escuchado historias de cristianos que fueron protegidos milagrosamente o salvados de algún peligro por una fuerza invisible y misteriosa. Al no poder encontrarles ninguna explicación lógica, comencé a ver un principio que tenían en común: cuando los siervos de Dios afrontan obedientemente situaciones que son incapaces de manejar por sí solos, los ángeles los protegen. El elemento importante es la obediencia a Dios.

Nosotros no tenemos idea de la frecuencia en que hemos sido salvados por ángeles. Tal vez esto ocurre porque tenemos una percepción equivocada de los ángeles, y nos los imaginamos como los que vemos en las tarjetas de felicitación, querubines regordetes con hoyuelos en las mejillas. Aunque aparentemente los ángeles pueden aparecerse en muchas formas diferentes, las Escrituras los representan como poderosos soldados valientes que cuidan de nosotros en situaciones peligrosas.

Una joven llamada María que trabaja para una organización cristiana en un área peligrosa de la ciudad de Filadelfia, estaba preocupada por los jóvenes que habían mostrado interés en recibir consejo cristiano. En la calle, justo afuera del centro donde ella trabajaba, un grupo de una de las pandillas de adolescentes se apareció varias veces para aterrorizar a todos los que trataban de entrar.

Cada tarde, durante un corto tiempo, María se quedaba sola en el centro, y en ocasiones la banda comenzaba a hostigarla a ella también golpeando las puertas y gritando obscenidades. Una noche, cuando apareció la banda, María se sintió de pronto inspirada a hablarles de Jesús. Consciente del peligro, oró primero para recibir orientación divina. En lo profundo de su corazón sintió la aprobación y la paz del Señor, y estaba segura de que lo había escuchado bien. Así que abrió la puerta y salió a la calle.

La banda la rodeó, pero ella mantuvo su voz firme y les habló de Jesús. Sin embargo, en lugar de escucharla, los miembros de la banda comenzaron a insultarla, y la amenazaron con ahogarla en un río cercano. Tratando de lucir calmada, María regresó hacia la puerta del centro, entró, y la cerró. Los jóvenes no la siguieron.

La noche siguiente fueron de nuevo, golpeando la puerta y amenazando su vida. María aún creía que debía tratar de llegarles.

Así que María susurró una oración a Jesús pidiéndole que los ángeles del Señor la acompañaran y la protegieran mientras ella lo obedecía. Cuando abrió la puerta y estaba a punto de hablar, los miembros de la banda dejaron de gritar, comenzaron a mirarse entre sí, y se fueron en silencio y rápidamente. A María le extrañó mucho su actitud.

La banda no regresó durante varios días hasta una tarde en la que, para sorpresa de todos, entraron en el centro de una manera ordenada y cooperativa.

Mucho después, cuando ya se había desarrollado una relación de confianza con los miembros de las pandillas, el director del centro les preguntó qué les había hecho abandonar sus amenazas contra María e irse tan pacíficamente esa noche. Un joven tomó la palabra.

—No nos atrevimos a tocarla cuando vimos a su novio —dijo el joven—. El tipo debe tener más de dos metros de altura.

—No sabíamos que María tenía novio —respondió el director pensativo—. En todo caso, ella estaba aquí sola esa noche.

—No, nosotros lo vimos —insistió otro miembro de la pandilla—. Estaba detrás de ella, grandísimo, con un traje blanco elegante.

Al escuchar esta historia, me di cuenta de que las acciones de María se ajustaron a los criterios para la intervención angelical que yo había extraído del relato de Elías en el Antiguo Testamento: actuar en obediencia, sin egoísmos,

Ángeles protectores

y con el deseo de honrar al Señor. A pesar de que parecía estar en peligro, un ángel se colocó detrás de ella y la mantuvo a salvo.

También me di cuenta de que los ángeles que nos protegen son totalmente capaces físicamente de llevar a cabo las órdenes divinas. A menudo quienes ven ángeles los describen como seres enormes, "grandísimos".

Si el tamaño es una indicación de poder, no debemos preocuparnos entonces de su capacidad para protegernos. Imagínese esta visión: "David alzó la vista y vio que el ángel del Señor estaba entre la tierra y el cielo, con una espada desenvainada en la mano" (1 Cr. 21:16). Si los ángeles son guardianes de Dios, entonces sus armas deben ser enormemente poderosas y versátiles. Un ángel puede silenciar la airadas amenazas de una banda de pandilleros urbanos simplemente apareciéndose, o desviar los instintos naturales de un león hambriento con una sola palabra.

La historia de Daniel en el foso de los leones es un maravilloso ejemplo bíblico de ángeles protectores trayendo seguridad en momentos de peligro.

Los administradores bajo el mandato del rey Darío de Babilonia estaban celosos por el favor mostrado hacia Daniel, su compañero judío, y querían deshacerse de él. Entonces, embaucaron al rey para que declarara la adoración a Dios como un delito grave. Cualquier persona que desobedeciera la orden sería arrojada al foso de los leones, una especie de cueva profunda plagada de leones hambrientos, que significaba una muerte segura.

Daniel sabía muy bien las consecuencias que enfrentaría por continuar sus oraciones tres veces al día, pero escogió obedecer a Dios independientemente de lo que pudiera ocurrirle. Tan pronto como lo vieron orando, fue detenido y arrojado a los leones.

Al día siguiente, cuando Darío se apresuró a la fosa para ver lo que había ocurrido con su administrador favorito, lo encontró con vida y bien. Daniel le dijo: "Mi Dios envió a su ángel y les cerró la boca a los leones. No me han hecho ningún daño" (Dn. 6:22).

Yo no creo que el ángel luchó físicamente con los leones para ponerles un bozal. Creo que el Señor los aplacó con el mensaje: "Ve, y da la orden a los leones". El ángel bajó, tocó a cada león en la nariz, y les dijo: "No toquen a Daniel, él es el amado del Señor". La autoridad del ángel hizo que los leones se sometieran. Yo personalmente creo que los leones prefirieron pasar hambre antes que desobedecer al ángel de Dios. Cuando el rey vio el resultado milagroso de la intervención del ángel, declaró que todo el reino adoraría al Dios que Daniel servía. Daniel se había colocado en una situación de peligro al obedecer a Dios, pero puso su vida en las manos del Señor y fue testigo de la obra de su ángel. Gracias a Daniel y al ángel protector, todo el reino de Babilonia tuvo la oportunidad de adorar a Dios libremente.

Ángeles protectores

Muchos olvidamos la influencia que podemos tener cuando permanecemos firmes en la posición que Dios quiere que mantengamos, y cuando permitimos que sus ángeles nos ayuden. Pero otros han descubierto esa ayuda y, como resultado, han llevado el poderoso mensaje de la salvación en situaciones peligrosas. Hace unos años, cuando mi marido era presidente del Southern Asia Bible College en Bangalore, India, encontró que muchas personas allí estaban abiertas al evangelio debido a la influencia de un hombre cristiano. Unos registros que datan de 1929 cuentan la extraordinaria historia de ayuda angelical que Sundar Singh vivió en el Tíbet.

En una ocasión en que Singh estaba predicando de Jesús en un mercado público, fue detenido por un guardia de un monasterio budista cercano al que le molestaba su influencia. El guardia lo detuvo bajo cargos falsos y lo llevó ante el lama, un magistrado local conocido por su odio hacia los cristianos.

Singh fue juzgado por el lama, condenado a muerte, y arrastrado sin piedad hasta el borde de un pozo profundo. El lama echó a un lado sus pesadas túnicas y sacó una llave que llevaba colgada de manera permanente por una cadena a su cinto. Ceremoniosamente, desbloqueó la tapa y mantuvo la llave en el cerrojo hasta que puso nuevamente la tapa en su lugar y la volvió a bloquear.

Unos hombres fuertes fueron los que levantaron la tapa y lanzaron Singh en el pozo. Aparte del golpe de la caída, sintió mucho asco por el olor nauseabundo de los cadáveres que estaban en el fondo. Entonces oyó que la tapa fue asegurada y bloqueada. No había ninguna posibilidad de escalar y escapar, ni siquiera no estando la tapa. Uno de sus brazos estaba fracturado, y la pared del pozo era completamente vertical e imposible de subir.

Pasaron horas, y luego días. Cuando Singh pensó que ya no podía soportar otro momento más de su encierro, oyó la llave girar en la cerradura de la tapa. ¿Había condenado el lama a otro hombre a la muerte? Escuchó el ruido de la bisagra oxidada, y de repente vio las estrellas brillar en el cielo nocturno. Singh se sobresaltó al sentir algo áspero tocar su cara. Era una cuerda.

En la punta de la cuerda había un lazo, y Singh, aunque débil, fue capaz de meter su pie en él y tomar la cuerda con su brazo sano. Poco a poco fue elevado hasta el borde del pozo y la noche fría. Al llegar arriba colapsó y cayó al suelo, agradecido por poder llenar sus pulmones con aire fresco. Miró alrededor, pero su liberador había desaparecido. Con dolor, Singh se arrastró hasta su casa para curar sus heridas y poder dormir. Por la mañana, ya con más fuerzas, regresó al mercado para predicar. Al cabo de una hora fue nuevamente apresado por monjes enojados, y llevado donde el lama para ser interrogado.

—¿Cómo te liberaste? —preguntó el lama enfurecido.

—¿Quién se robó la llave de la cerradura? Explícalo antes de que algo peor te suceda.

—Fue un ángel—dijo Sundar Singh en voz baja.

—¡Mientes! —gritó el lama—. Alguien tiene que haber tomado la llave. Es la única manera de abrir la cerradura.

Seguidamente el lama apartó con su mano su pesada túnica, y sacó la cadena de la cintura. —¡Dime quién...!

De repente, en medio de su ira su voz se perdió, y una mirada de incredulidad apareció en su rostro.

—Llévense a este hombre—dijo—. Libérenlo.

La llave estaba en la punta de la cadena.

¿Asombrado? Sin duda el trabajo de los ángeles es milagroso, incluso increíble, hasta que recordamos para quién trabajan. Nada es imposible para Dios. Él es totalmente capaz de mantener a sus hijos seguros en medio del peligro, y de equipar a los ángeles para sus asignaciones. En este caso, el ángel llegó con una cuerda, el poder de abrir una pesada tapa de piedra, y la fuerza para sacar a Singh del pozo.

El ángel de otra historia más reciente no solo expuso su autoridad, sino que se le apareció y le habló a quien estaba ayudando. Un hombre llamado Hank estaba trabajando como misionero en África cuando se enteró de que una compañera de trabajo había sido secuestrada por una tribu hostil. Sin pensar en su propia seguridad personal, Hank salió a buscarla, y fue capturado casi inmediatamente por la misma tribu. Cuando se enteró de que la tribu liberaría a la mujer por cierta cantidad de dinero, Hank aceptó pagar la suma.

Sin embargo, cuando caminaba de regreso al campamento misionero, la tribu nuevamente interceptó a Hank, y esta vez amenazó con matarlo. Sentenciaron la pena de muerte tribal sobre él, y lo llevaron a su lugar de ejecución en la selva. Pero Hank les habló con seguridad.

"Si mi Dios está vivo—dijo—, enviará a un ángel a liberarme". Los miembros de la tribu se rieron de él, y en respuesta colocaron su cabeza sobre el tronco de un árbol, debajo del hacha del verdugo. Hank sintió que el verdugo levantó el hacha y, seguidamente, lo oyó jadear. Después de una algarabía oyó el grito de un nativo: "¡Es un ángel!".

El hacha cayó al suelo. Hank levantó la cabeza y vio a los miembros de la tribu huyendo. En el lugar donde estaba el verdugo, había ahora un ángel del Señor brillante y poderoso.

"Eres libre de irte tu a casa—dijo el ángel—. He detenido la ejecución". Hank se levantó y caminó de regreso al campamento.

Esta historia me demuestra claramente que si hacemos la voluntad de Dios en nuestra vida, podemos reclamar protección angelical cuando estamos en peligro. Y como vimos en el capítulo anterior, el momento en el que dejamos de hacer su voluntad, creo que nos apartamos de los ángeles. Esto ocurre especialmente cuando ponemos a prueba al Señor metiéndonos en una situación peligrosa, y esperando que él nos saque de ella.

Las buenas intenciones no son un sustituto de la

obediencia. Es fácil adelantarnos a Dios, generando todo tipo de dificultades. Debemos esperar su liderazgo, y luego actuar obedientemente. Una pareja que hizo esto —y que fue liberada exactamente por provisión material angelical— fueron Glen y Deborah Wilson, dos estadounidenses que vivían en París durante la II Guerra Mundial.

Los Wilson se horrorizaron cuando se enteraron de que los judíos estaban siendo sacados de sus casas, transportados como ganado en trenes, y llevados a los campamentos donde enfrentaban la muerte en cámaras de gas. Ellos jamás se habrían imaginado que seis millones de judíos terminarían perdiendo la vida en esos campos, pero creían que Dios los estaba dirigiendo para ayudar a todos los que pudieran. Así, empezaron la peligrosa tarea de esconder a cuanto judío pudieron, alimentándolos, orando por ellos, y ayudándolos a escapar bajo el amparo de la oscuridad a países donde estarían a salvo.

La comida estaba tan estrictamente racionada, que llegó un momento en que los Wilson no tuvieron suministros en su casa y no había manera de llenar su despensa vacía. Ya habían utilizado todo el dinero que les quedaba, y la compra a crédito era imposible. Además, no querían llamar la atención sobre sí mismos con la cantidad de alimentos que necesitaban.

Seguros de que Dios todavía podía satisfacer sus necesidades, decidieron hacer una lista de compras en la forma de una oración. Deborah tomó papel y lápiz e hizo una lista de todo lo que necesitaban: carne, manzanas, zanahorias, su marca preferida de harina, y muchos otros suministros. Entonces, los Wilson se arrodillaron para orar. Un golpeteo en la puerta los hizo levantarse.

—¿Quién es? —preguntó Glen.

—Por favor, déjeme entrar —respondió una voz suave, pero apremiada.

Pensando que podía tratarse de alguien que necesitaba ayuda, Glen abrió la puerta y se sorprendió al ver a un hombre alto, vestido de blanco.

—Tengo los artículos que su esposa ordenó —dijo el hombre, pasando y colocando dos bolsas sobre la mesa.

—Pero, tiene que haber un error —dijo Glen mientras cerraba la puerta, mientras miraba con asombro a su esposa que sacaba de las bolsas todos los artículos que había anotado en su oración. Todo estaba allí, incluso la marca de harina que ella había especificado.

Cuando ambos levantaron la mirada para agradecer al hombre, notaron con gran asombro —aunque apenas habían pasado unos segundos y la puerta permanecía cerrada—, que este ya no estaba. El extraño se había ido de una manera aun más misteriosa que como había llegado. Con enorme regocijo, los Wilson tuvieron la convicción de que un ángel del Señor había traído las provisiones. Nadie más sabía de sus necesidades, o habría podido tener esos productos listos para dárselos. La experiencia también les enseñó que los ángeles pueden proporcionar cualquier tipo de ayuda práctica a aquellos que han sido enviados por Dios, en respuesta a su oración de fe.

En todas las historias que hemos examinado en este capítulo, las personas que fueron asistidas por ángeles mostraron valentía ante el peligro evidente. No es seguro estar en los alrededores de una tribu salvaje, y quien protege a una persona condenada a muerte probablemente correrá con la misma suerte. Ángeles ofrecieron protección en situaciones de peligro cuando el pueblo de Dios actuó en obediencia a sus mandatos.

Pero supongamos que no tenemos ningún motivo para pensar que estamos en peligro, y de repente nos encontramos indefensos y necesitamos ser rescatados. ¿Nos ayudan los ángeles en una situación así?

ÁNGELES AL RESCATE

Jim y Ángela hicieron una pausa en su trabajo de renovación del segundo piso de su granja de Texas, justo a tiempo para ver a su hija de tres años de edad, apoyándose demasiado fuerte en el mosquitero de la ventana. Ángela abrió la boca para gritarle cuando vio que el mosquitero se dobló, y con un grito la indefensa niña cayó al vacío.

Paralizados por el horror, ambos invocaron el nombre: "¡Jesús!". Fue una oración, un grito que iba más allá de la terrible realidad de que Penny aterrizaría en el piso de concreto por debajo de la ventana. Casi pasando por encima del otro, los padres se apresuraron a bajar las escaleras y salir por la puerta principal.

Su angustia se convirtió en asombro al encontrar a Penny sentada en el escalón inferior. Ángela lloró de alivio al verla y la abrazó fuertemente.

"No te preocupes, Mami—dijo Penny—, el hombre

grande me atrapó". Jim y Ángela miraron a su alrededor, pero no vieron a nadie. ¿Qué hombre? ¿De dónde vino? ¿A dónde se fue? No había lugar en esa pradera de Texas para que alguien se ocultara.

Todo habría sonado como un invento si no fuera por el hecho de que Penny estaba perfectamente bien. Cuando examinaron a su hija, no encontraron ni un rasguño o moretón. Ni siquiera lucía asustada por la experiencia.

Después de discutir el increíble acontecimiento con otros miembros de la familia y con mi esposo, que era su pastor, Jim y Ángela fueron referidos a Isaías 63:9: "En toda angustia de ellos él fue también angustiado, y el ángel de su presencia los salvó; en su amor y en su clemencia los redimió, los levantó y los trajo" (RVR1977). Al parecer Dios sigue usando hoy a sus ángeles como lo hizo en los tiempos del Antiguo Testamento para rescatar a su pueblo, concluyeron.

Si fue el ángel de la guarda de Penny, o uno enviado por encargo desde el trono de Dios, no lo saben. Pero entendieron como nunca el significado de varios versículos, como: "Yo envío mi ángel delante de ti, para que te proteja en el camino" (Éx. 23:20); y "En el cielo los ángeles de ellos [de los niños] contemplan siempre el rostro de mi Padre" (Mt. 18:10).

Jim y Ángela no tenían la capacidad de salvar a su hija. Su única esperanza, expresada en una oración de sola palabra, fue que Jesús interviniera y protegiera a su hija de lesiones críticas, y posiblemente la muerte. Solo él podía actuar por ellos, y de un modo instintivo, confiaron su hija a su cuidado.

¡Qué poder hay en el nombre de Jesús! Como Jim y Ángela siempre oraban para que Jesús mantuviera a sus ángeles alrededor de Penny, en ese momento de emergencia invocaron su nombre antes de que pudieran razonar qué hacer. Y en respuesta a esa oración, Jesús envió a un ángel.

Este es un ejemplo de una situación que requiere de un rescate en un momento en el que no podemos hacer nada. Si necesitamos ayuda y no hay nada que podamos hacer, Dios puede enviar a un ángel protector para actuar a nuestro favor.

Wendy, una amiga mía, estaba en el hospital después del nacimiento de su primer bebé. Después de veintitrés horas de un parto dificultoso, Wendy estaba completamente agotada físicamente. En cierto momento decidió levantarse y dar un corto paseo por el pasillo solo para estirar sus piernas. Se sentía mareada, pero segura de poder hacerlo por sí sola.

Cuando dio la vuelta para regresar a su habitación, sintió de pronto que se había esforzado más de lo que podía y que se iba a desmayar. Tratando de encontrar algo a que aferrarse mientras sus rodillas comenzaban a doblarse, vio a un enfermero por el salón con una bandeja de muestras de sangre, y le gritó. Tan pronto como dijo esto vio que en un destello un uniforme blanco se puso su lado, y sintió dos fuertes manos bajo las axilas que la sostuvieron. Entonces, todo se tornó oscuro.

Cuando Wendy volvió en sí estaba acostada en su cama del hospital, y el enfermero de pie junto a ella, aún con la bandeja en sus manos.

—Qué bueno que pudo escucharme cuando le grité— dijo ella con voz débil—. Gracias por no haberme dejado caer.

El joven negó con la cabeza y dijo:

—Lo siento. No me dio tiempo de llegar a tiempo a donde usted estaba. Me alegro de que no se haya caído.

Cuando Wendy me contó la historia más tarde, dijo: "Betty, si ese hombre no me ayudó, tuvo que haber sido un ángel. Yo vi el destello del uniforme blanco y sentí las manos levantándome. Luego añadió con una sonrisa: "Supongo que ahora sé el significado de ese versículo del Salmo 91 que dice que sus ángeles te levantarán con sus propias manos!".

Al igual que los padres de Penny, Wendy supo que necesitaba ayuda física inmediata (aunque su necesidad no era tan aguda como la de ellos), y que no podía hacer nada al respecto. Un ángel rescatador la ayudó durante su momento de incapacidad.

Leí un relato similar en el diario *Tribune* de Terre Haute (de Indiana), con la diferencia de que esta involucró una situación de vida o muerte.

Dos jóvenes mujeres estaban atrapadas adentro de un

automóvil volcado en la carretera cuarenta, y temían que este estuviera a punto de prenderse en llamas. Ambas oraron frenéticamente.

En ese momento, un hombre joven que conducía hacia el oeste por la autopista cuarenta, vio a las mujeres y se dio cuenta del peligro. Detuvo rápidamente su automóvil y corrió hacia ellas, sin saber cómo podría ayudarlas a escapar. Al parecer, el automóvil tenía que ser levantado para que las mujeres pudieran salir arrastrándose, y no había nadie que pudiera ayudarlo. Así, mientras corría, oraba: "Jesús, dame fuerzas. Ayúdame a ayudar".

Llegó al automóvil, y con una última oración puso sus manos debajo del parachoques e hizo fuerza. Milagrosamente, pudo levantar el vehículo el tiempo suficiente como para que las dos mujeres pudieran arrastrarse y salir.

¿Fue simplemente un flujo de emergencia de adrenalina lo que le permitió levantar el pesado automóvil? Ese pudo haber sido el análisis médico, Pero yo creo que ángeles invisibles trabajaron conjuntamente con este hombre respondiendo a su oración, ayudándolo a hacer lo que él era físicamente incapaz de lograr. La Biblia dice que los ángeles superan "en fuerza y en poder" a los hombres (2 P. 2:11).

Alan McCormick descubrió esto también. Alan y su esposa son mis nuevos amigos de Kokomo, Indiana, no muy lejos de donde nací. Alan me contó lo que ocurrió durante un viaje que él y su padre hicieron a Florida. Alan, que no era cristiano para ese entonces, era respetuoso de la fe de su padre, pero sentía que su confianza en Dios a veces era un poco fanática.

Alan y su padre iban en su vehículo por la Interestatal setenta y cinco, cerca de la frontera entre Georgia y Florida, cuando su padre dijo de repente sin ningún motivo: "Alan, abróchate el cinturón de seguridad".

Poco acostumbrado a usar el cinturón de seguridad, y curioso por el tono de su padre, le preguntó por qué, pero su padre respondió simplemente: "No importa, solo hazlo". Alan se lo colocó y continuó conduciendo.

Minutos más tarde, según cuenta Alan, miró por el espejo retrovisor y vio a un camión acercándose rápidamente hacia ellos. Cuando el conductor comenzó a lanzarse hacia el carril de la izquierda para adelantar el vehículo de Alan, se hizo evidente que calculó mal la velocidad en que avanzaba, ya que no se movió a la izquierda a tiempo. El remolque golpeó la parte trasera del vehículo de Alan, lanzándolo como si fuera un juguete fuera de la carretera y hacia un terraplén de seis metros.

Al parecer, un segundo camión con remolque que venía detrás del primero frenó y se desvió tratando de esquivar el accidente, pero también se salió de la carretera. Alan cuenta que en cuestión de segundos el segundo camión se precipitó sobre el terraplén y pasó sobre su propio vehículo, arrancándole el techo antes estrellarse sesenta metros más adelante.

Alan y su padre estaban aturdidos, pero aunque parezca increíble, sanos y salvos detrás de sus cinturones de seguridad. Alan me dijo más tarde que estaba seguro de que Dios le había hablado a su padre para salvarle la vida.

Como si esa experiencia no fuera suficiente, un segundo accidente casi fatal apenas tres meses después le hizo pensar que un ángel debía estarlo protegiendo.

Él iba conduciendo una camioneta por una carretera no lejos de su casa, con su cinturón de seguridad abrochado. Justo delante de él iba un camión pesado que transportaba acero. Detrás de él, visible en el espejo retrovisor, vio que se acercaba un camión de plataforma completamente cargado con grandes troncos. Cuenta Alan que empezó a sentir claustrofobia, probablemente en buena parte debido a su espantoso accidente en el viaje a Florida.

"Traté de deshacerme de mis temores—dijo—, pero estaba en medio de estos dos camiones y me sentía incómodo. Si hubiera podido, habría adelantado el camión con el cargamento de acero, pero me encontraba en una zona donde estaba prohibido adelantar. De repente Alan sintió una mano grande y pesada posarse sobre la suya en el volante, y oyó una orden dada por una voz interior: *Pásate rápido hacia al carril de la izquierda*. Durante una fracción de segundo pensó en la línea amarilla a su lado que señalaba que estaba en una zona donde no podía adelantar; sin embargo, siguiendo el mando de la mano sobre la suya, desvió la camioneta hacia la izquierda.

Ángeles al rescate

Alan aún no había cruzado completamente la línea, cuando escuchó un choque. Aparentemente el camión de plataforma que venía detrás de él se quedó sin frenos, y Alan vio horrorizado cómo este se estrellaba contra el camión que iba delante. Si Alan no hubiera sido guiado por esa fuerte mano sobre el volante, su ligera camioneta habría sido aplastada como un acordeón entre los dos pesados camiones.

Alan cuenta que gracias a esa experiencia, él y su esposa conocieron a Jesús como su Señor. Ellos están agradecidos de que ángeles le ministraron a través de las oraciones de su padre y de otros, en momentos en los que él no tenía ninguna advertencia o control sobre las inminentes experiencias que pondrían en peligro su vida.

Los momentos de desamparo en los cristianos parecen estar estrechamente vinculados con la fe. Nosotros no sabemos cuáles son los peligros que tenemos por delante para orar por ellos, pero podemos confiar en el cuidado vigilante de nuestro Padre celestial. Él no garantiza una vida completamente libre de accidentes de aquí a la eternidad, pero promete llevarnos a donde Él quiere que estemos, y cuidarnos en el recorrido.

Nosotros, a su vez, debemos aprender a escuchar su voz y a mantenernos haciendo su voluntad. Alan, a diferencia de los padres de la pequeña Penny y mi amiga Wendy, entregó su vida a Jesucristo solo cuando experimentó personalmente el poder milagroso de Dios. Pero no depende de nosotros predecir las circunstancias en las que el Señor intervendrá en la vida de un creyente. Simplemente debemos confiar en su capacidad de cuidar de nosotros.

Una experiencia que le sucedió a uno de mis hermanos me dio una lección sobre esta clase de confianza. Antes de emprender cualquier viaje, incluso antes de encender el motor, Marvin ora como lo hacía nuestro padre cuando éramos pequeños, para que Dios nos proteja y envíe ángeles para que nos cuiden durante el recorrido.

Hace unos años, Marvin, su esposa Sharon, y sus dos hijos viajaban al norte de Jacksonville, Florida, cuando el indicador en el tablero mostró un sobrecalentamiento del motor. Marvin se detuvo y abrió el capó, y entendió que no debía abrir la tapa del radiador, pues el vapor silbaba a su alrededor. Decidió entonces dejar el capó abierto hasta que se enfriara el motor.

Sin embargo, cuando estaba asegurando el capó, la tapa del radiador de repente explotó. La fuerza del vapor acumulado y el líquido hirviente lo lanzaron al suelo y lo quemaron desde la cintura hasta la parte superior de la cabeza.

Sharon corrió hasta una casa que estaba en las adyacencias y llamó a una ambulancia. Marvin fue trasladado hasta la sala de emergencias más cercana, donde un especialista en quemaduras lo estaba esperando. Al examinarlo, el médico expresó lo afortunado que era Marvin de usar anteojos, pero Marvin le aseguró que él no usaba anteojos.

—Usted debe haber tenido entonces unas gafas de sol puestas—insistió el médico.

—No, yo no tenía ninguna clase de lentes—respondió Marvin.

El médico se mostró asombrado.

—Lo único que sé—dijo finalmente el médico—es que un ángel debe haber puesto sus manos sobre sus ojos. Sus orejas, su nariz, e incluso el interior de su boca se quemaron, pero algo tuvo que haber protegido sus ojos.

Al escuchar la historia de mi hermano por teléfono, contada desde la cama del hospital, mi corazón se sintió agradecido por la preservación de su vista. Pero lo que más me impresionó fue la fidelidad de Dios en cuidar de sus hijos en momentos de indefensión.

Toda mi familia cree que el doctor dio en el clavo al decirle a Marvin que un ángel cuidó de sus ojos. Esto solo podía tratarse de la respuesta de Dios a su oración por protección angelical. Y la prueba de esa protección—la visión de Marvin—produjo en mí una mejor comprensión de la intervención divina.

El Señor nos ha pedido que oremos por nuestras necesidades, y es que la necesidad de protección en este mundo peligroso es una preocupación legítima. Pero debemos tener cuidado en evitar la paranoia de que tenemos que cubrir todas las circunstancias posibles en la oración. Marvin oró pidiendo seguridad en su viaje, pero no mencionó todas las piezas del motor por su nombre, o cada intersección, o cada semáforo. Nuestras oraciones deben ser completas, pero no ridículas.

El Señor nos ha pedido que oremos, pero también que confiemos. Si dejamos que Él dirija nuestras oraciones, no estaremos en peligro de ver a los ángeles como "amuletos de la buena suerte", cuyo poder debemos invocar a cada minuto a riesgo de enfrentar las consecuencias.

La Biblia dice que hay millones de ángeles al mando de Dios para los momentos de necesidad. ¡Qué reconfortante es saberlo! Y así como los hijos de Dios enfrentan más problemas de lo que pensamos, probablemente los ángeles de Dios nos han protegido de que nos ocurran cosas más a menudo de lo que sabemos. Algunas veces nosotros podemos ayudarnos a nosotros mismos. Otras veces Dios usa a alguien más para responder nuestras oraciones. Pero en las ocasiones en que no podemos salvarnos a menos que Él intervenga, Él puede enviar ángeles a liberarnos, luchar por nosotros, o ayudarnos.

Hace unos años no debió sorprenderme escuchar a una prominente estrella de cine decir en la televisión cuán imposible le habría sido abandonar la vida que llevaba, y dejar los pensamientos suicidas que lo atormentaban, si no hubiera sido por la ayuda de un misterioso visitante angelical.

El actor era Mickey Rooney, y contó la historia, que ha llegado a ser bien conocida, de una etapa de su vida en la que tocó fondo. Él ya estaba deprimido cuando protagonizó la película *Bill*, tal vez la más importante de su carrera, y hacerla lo deprimió aun más. Después de esto, su octava esposa lo dejó. Él sentía que nada lo satisfacía y que era un fracasado. Con el paso del tiempo comenzó a perder las ganas de vivir.

En un momento en que entró en un restaurante, completamente desesperanzado en poder aliviar su aterradora soledad, se dejó caer en una mesa apartada y ordenó un plato de sopa. Apoyó su cabeza en sus manos, y se sintió demasiado deprimido y solo como para que algo le importara. En ese momento sintió el suave toque de una mano sobre su hombro. Pensando que la camarera había traído su sopa, levantó la cabeza y se echó hacia atrás. Cuando se dio cuenta de que la mano aún descansaba sobre su hombro, como si quisiera llamar su atención, levantó la vista y se encontró con la mirada de un joven camarero vestido con un uniforme blanco. "Señor, tengo un mensaje para usted", le dijo el hombre con convicción y sinceridad. "El Señor Jesucristo quiere que le diga que lo ama mucho y que usted experimentará un gran gozo en Él".

Entonces, el mesero se dio la vuelta y se fue. Inmediatamente Mickey sintió una inexplicable satisfacción, así como paz en su corazón. Una alegría fluyó a través de él. Por primera vez en mucho tiempo sintió esperanza. Después de un momento, se levantó de la mesa para encontrar al joven camarero y darle las gracias; pero solo encontró al jefe de los camareros que, para su sorpresa, le dijo que ninguno de sus empleados se ajustaba a la descripción de ese joven.

Mickey regresó a la mesa lleno de alegría. Así lo contó en un programa de televisión: "Sé que el mensaje me lo envió directamente Jesús por medio de un ángel". Después de ese encuentro recibió a Jesús como su Salvador personal y se casó con una mujer que compartía el mismo compromiso cristiano. "Por primera en mi vida—dijo—sé lo que es el verdadero amor, porque Dios es amor, y Él está en el centro de nuestro matrimonio y nuestra vida".

¿Se preocupó Dios tanto por Mickey Rooney que envió a un ángel para protegerlo de un posible suicidio? Gracias al encargo divino de este mensajero, quienquiera que haya sido, la vida de Mickey tomó un nuevo rumbo y se llenó de esperanza. Pasó de la impotencia absoluta, a tomar la decisión de seguir a Cristo. El mayor rescate de todos es la salvación de un alma perdida y desvalida.

¿Estaba alguien orando por Mickey Rooney? Sin lugar a dudas. ¡Qué maravilloso recordatorio para nosotros como cristianos! ¿Cuántas personas se han quedado sin esperanza cuando nuestras oraciones pudieron haber marcado diferencia? Haríamos bien, no solo orando por nuestra propia protección, sino por aquellos que necesitan ser rescatados incluso a través de un ángel en un momento de desesperanza.

5

ÁNGELES E INTERCESIÓN

Toda mi vida he estado segura del poder inestimable de la oración, pero después de escuchar cientos de casos en los que Dios ha intervenido en momentos de imperiosa necesidad, he tenido una vislumbre de la manera en que los ángeles actúan en respuesta a nuestras oraciones. He visto, por ejemplo, que cuando oramos, los ángeles se esfuerzan por nosotros en responder nuestras intercesiones por los creyentes y por los no creyentes por igual.

Al hacerlo, pueden actuar no solo contra lo que impide que alguien llegue a alcanzar la salvación, sino también contra lo que evita que un creyente cumpla los mandatos de Dios para su vida.

Es de vital importancia interceder convencidos de que Jesús responderá a la necesidad. El apóstol Pablo le aseguró a la iglesia en Colosas: "Desde el día en que lo supimos no hemos dejado de orar por ustedes" (Col. 1:9);

y él estaba tan preocupado por sus hermanos judíos inconversos que tenía "una gran tristeza y [...] un continuo dolor" (Ro. 9:2).

Si nosotros estamos también luchando en oración por las necesidades de otros, Dios escuchará nuestras oraciones. A mí me han impresionado especialmente dos relatos de ángeles obrando en la vida de individuos que no eran cristianos, gracias a la obra de intercesión de cristianos.

El primer relato es el de Tom y Doris O'Reilly, que vivían en el pintoresco pueblo de Gatlinburg, Tennessee, durante la Gran Depresión. Aunque era Navidad, la tranquilidad del típico paisaje nevado de tarjeta de Navidad en el exterior de su hogar contrastaba con el revuelo que estaban atravesando en sus vidas.

Tom, por su parte, se rebeló contra la asfixiante dificultad económica uniéndose a su hermano en el saqueo y el robo; mientras que Doris, devastada por el cambio en su marido, oraba para que este abandonara ese estilo de vida. Ella decía que prefería tenerlo a salvo en casa con ella, que tener todo el dinero del mundo. Pero Tom insistía en que su deber era ser un buen proveedor para ella, independientemente de los medios para lograrlo.

Cuando él y su hermano se enteraron de que la oficina del ferrocarril mantendría la nómina y el dinero recibido en efectivo durante la festividad, decidieron irrumpir. Mientras ellos le daban forma a su plan, Doris oró fielmente por su marido: "De la manera que sea, Señor, haz que vuelva a ti".

La noche del robo todo salió como estaba planeado. Sin embargo, cuando su hermano estaba escondiendo el dinero en el asiento trasero exterior de su Ford Modelo T, Tom oyó el sonido de una sirena de policía en la oscuridad. Cuando trató de moverse rápidamente hasta la puerta del automóvil, no le dio tiempo de hacerlo. Gritó para que su hermano arrancara, y luego se tiró al suelo al una bala rozar su mejilla izquierda.

Tom se negó a revelar la identidad de su cómplice y el paradero del dinero, y finalmente fue condenado por robo y enviado a prisión. El dinero permaneció escondido, tal como él y su hermano habían acordado. Doris lo visitaba cada vez que podía, y oraba por él constantemente.

Tres navidades después, la endurecida corteza en el corazón de Tom comenzó a resquebrajarse. Un día se despertó a las tres de la madrugada con un abrumador deseo de hacer las paces con Dios. ¡Si tan solo pudiera llegar a la capilla de la prisión y orar!

"Querido Dios—dijo en voz alta entre lágrimas—, ten piedad de mí". Seguidamente llamó a un guardia, con la esperanza de poder convencerlo de que lo llevara a la capilla, a pesar de la hora. Un guardia barbudo y silencioso apareció, pero Tomo no lo reconoció porque no era el guardia habitual. De hecho le pareció viejo para ese trabajo. Su cabello plateado casi brillaba, pero el fulgor de sus ojos azul metálico lo mostraban alerta y capaz.

Sin decir nada el guardia abrió la puerta de la celda y caminó con Tom hasta la capilla. Una vez allí, Tom se postró delante del altar y le pidió a Jesús que lo perdonara. El guardia, arrodillado en silencio a su lado, pasó su brazo alrededor de los hombros de Tom hasta que Tom estuvo listo para regresar a la reclusión de su celda. Tom finalmente sintió paz en la nueva libertad del perdón de Dios. Pero antes de que el anciano guardia abriera la puerta de la celda para que Tom entrara, comenzaron a escuchar gritos. Dos guardias uniformados corrieron por el pasillo, tomaron a Tom y lo echaron en su celda.

—¿Cómo has salido? —le preguntaron a través de los barrotes—. ¿Estabas tratando de escapar?

—Por supuesto que no —respondió Tom—. Este guardia me llevó hasta la capilla.

Apenas dijo esto, Tom volteó en busca de la confirmación de su amigo barbudo, pero el anciano guardia había desaparecido.

Tom lo describió a los guardias lo mejor que pudo, pero ninguno le creyó la historia. Uno de ellos dijo rotundamente que en veintiséis años en esa institución nunca había trabajado con un guardia anciano con barba y cabello plateado.

Durante la primavera, cuando su caso fue revisado ante un juez, Tom accedió a devolver el dinero al ferrocarril.

Ángeles e intercesión

Fue puesto en libertad condicional y se le permitió irse a su casa. Él y Doris ahora están jubilados y viven en Tucson, Arizona. El resto de su vida Tom lo dedicó a hablar en capillas carcelarias, ayudar financieramente a jóvenes que querían asistir a escuelas bíblicas, y compartir su experiencia personal con un ángel para ayudar a otros a encontrar el perdón de Jesús.

Y todo porque Doris puso en práctica uno de los secretos para una intercesión de salvación exitosa: la perseverancia. Dios no obliga a nadie a tomar una decisión en contra de su voluntad, pero tampoco se da por vencido mientras alguien esté perseverando en oración por la persona. Con el tiempo, según creo, la persona por quien se ora renunciará a sus deseos pecaminosos a fin de encontrar la paz que Dios tiene para él.

¿Ayudó un ángel a Tom O'Reilly en su momento de desesperación? No tengo la menor duda de que así fue. Ciertamente, un ángel fue enviado para satisfacer la necesidad de esta alma perdida en respuesta a la intercesión de su esposa, tal como lo describe el escritor de la Epístola a los Hebreos: "Él [Dios] hace de los vientos sus ángeles, y de las llamas de fuego sus servidores" (Heb. 1:7). Doris nunca perdió la esperanza de que el Señor actuaría, y continuó orando por la salvación de Tom, independientemente de cuán sombrías fueran las circunstancias. Gracias a la perseverancia de Doris, un ángel fue capaz de ayudar a Tom a vencer el endurecimiento de su corazón que impedía que pudiera alcanzar salvación. Al perseverar en nuestras propias oraciones, animémonos en el hecho de que los ángeles del Señor toman espadas y luchan con nosotros.

Obviamente, el de Tom no es el primer caso que se ha reportado de un ángel que se le aparece a un prisionero. Los apóstoles de la iglesia primitiva fueron liberados de la cárcel por medio de la intervención de un ángel. Lucas relata: "Un ángel del Señor abrió las puertas de la cárcel y los sacó" (Hch. 5:19).

Una experiencia moderna que realmente me impresionó fue la del reverendo Eric Whitehurst, un pastor de Dakota del Sur. Los padres de Eric comenzaron a orar cuando él era joven para que él aceptara a Jesús como su Salvador personal y encontrara el propósito de Dios para su vida. Según me contó él propio Eric, ellos creían que Dios tiene un "designio divino" para cada persona.

Un día durante sus años de juventud, él y un amigo fueron a dar una larga caminata. Ambos iban hablando sobre el futuro, cuando se les unió un respetable caballero de edad. A ellos les agradó al instante su presencia, y la conversación giró hacia el plano espiritual. Él los animó a entregar sus vidas a Jesús desde jóvenes, y a confiarle a Dios sus planes futuros.

Eric y su amigo estaban fascinados con la voz y la expresión de su compañero de caminata. Pero algo más los impresionó, y fue el hecho de que a pesar de que estaban caminando por una colina empinada, y de que ellos estaban jadeando para recuperar el aliento, el hombre caminaba sin esfuerzo aparente, y no lucía cansado.

Cuando Eric y su amigo se dieron cuenta de que había algo sobrenatural en su compañero, este se desvaneció ante de sus ojos.

La experiencia del visitante angelical dejó una fuerte impresión en los chicos. Como resultado, cada uno dedicó su vida a Cristo, y se comprometió a seguir su voluntad.

Ahora que es pastor, Eric suele subrayar la importancia de que los padres intercedan y se preocupen espiritualmente por sus hijos, a pesar de que sea otro el que pueda llevarlos a tomar la decisión por Dios. Ese otro podría incluso ser un ángel, una posibilidad nada remota si tomamos en cuenta que el Nuevo Testamento nos recuerda que algunos incluso "sin saberlo, hospedaron ángeles" (Heb. 13:2).

Esto nos lleva a examinar otra manera en que los ángeles pueden ayudarnos en los momentos de intercesión. Ellos no solo trabajan para llevar a los incrédulos a tomar una decisión para salvación, sino que luchan contra aquello que impide que los creyentes cumplan los propósitos de Dios para sus vidas, ya sea en el plano físico o en el espiritual.

Mi amiga Georgia, cuyo cuñado lidera un ministerio de evangelización itinerante, me habló de las veces en que ángeles le han provisto tanto a ella como a su familia protección física en respuesta a la oración intercesora.

Una noche nevada de diciembre en 1984, ella y su

familia, junto con el equipo de evangelización, viajaban de un pueblo a otro en Montana. Iban en un autobús, y tiraban de un pesado remolque en el que estaba el equipo de sonido.

Era ya tarde en la noche, y la nieve continuaba cayendo mientras Larry, el esposo de Georgia, conducía a través de las montañas. Justo al llegar a la parte superior de un paso de montaña y comenzaron a cruzar lentamente hacia el otro lado, se encontraron con una lluvia helada. El pavimento congelado hizo imposible que el autobús mantuviera la tracción, y antes de que ellos supieran lo que estaba pasando, comenzaron a deslizarse fuera de control hacia el borde del camino. No había barandas, y como estaban en la parte superior del paso, la estrecha carretera tenía por debajo una vacío a *ambos* lados, con una profundidad de varios cientos de metros.

Larry no pudo retomar el control con el volante, y Georgia comenzó a susurrar una y otra vez: "¡Oh Jesús, oh Jesús! invocamos la sangre de Jesús sobre este autobús y sobre nuestras vidas. ¡Envía Señor tus ángeles de la guarda para que nos protejan!". Mientras oraba, miró por la ventana y sintió que no había escapatoria: el autobús se deslizaba hacia el borde. Cuando estuvo segura de que caerían al vacío, sintió como un golpe, como si el autobús hubiera sido empujado como una pelota hacia la mitad de la carretera. Entonces, cuando se deslizó hacia el otro lado, Georgia sintió que ocurrió lo mismo, y se sorprendió al ver que de alguna manera el autobús se mantenía en la carretera.

Esto ocurrió una y otra vez durante un recorrido aproximado de media milla (unos ochocientos metros) que pareció interminable, hasta que Larry finalmente pudo detener el autobús en una subida.

"¡Gracias, Jesús!" —exclamó Georgia—. Larry, ¡por favor estaciona este autobús hasta que llegue la primavera!"

Más tarde ella me dijo que se sentía totalmente desconcertada, y cuando la familia y el equipo se reunieron en la parte delantera del autobús, coincidieron en que Dios había intervenido para salvar sus vidas.

Lo que ellos no sabían era que alguien había estado intercediendo a su favor. La noche siguiente Georgia llamó a su madre, y esta le preguntó inmediatamente:

—¿Cómo estuvo anoche la carretera y el clima?".

—Terrible—respondió Georgia, que se quedó embelesada por lo que su madre le diría a continuación.

—Bueno, el Señor me despertó ayer en la noche con una imperiosa necesidad de orar. Yo empecé a orar de inmediato, y como en un sueño, vi tu autobús en medio de un profundo barranco de lado y lado. Empecé a rogarle a Dios que los protegiera, y entonces ocurrió lo más sorprendente: ¡Una banda de ángeles rodeó el autobús!, y ¿sabes qué? Era como si los ángeles hubiesen estado "jugando". Cuando el autobús se desviaba hacia el borde derecho, un grupo lo "tocaba" y lo echaba de nuevo hacia la carretera. Cuando llegaba al otro extremo, el otro grupo lo "tocaba" nuevamente y se deslizaba hacia el centro, y así sucesivamente.

—Mamá, ¡eso fue exactamente lo que sentimos en el autobús!

Georgia me contó luego que Ambas se regocijaron juntas por la bondad del Señor; y me recordó el Salmo 34:7: "El ángel del Señor acampa en torno a los que le temen; a su lado está para librarlos". Eso es exactamente lo que ocurre cuando un intercesor ora. La oración de la madre de Georgia fue respondida de inmediato: ángeles fueron comisionados en el momento preciso de necesidad.

No hace mucho, en una primavera, hablé frente a una congregación grande y próspera en la Bible Center Church, en Evansville, Indiana. La iglesia no solo ofrecía sus servicios a quienes la visitaban, sino que los televisaba a los habitantes del área, e incluso había establecido iglesias en otros países. Yo me interesé en el crecimiento del ministerio, y me enteré de una historia fascinante a través del libro *I Met an Angel*, escrito por el reverendo A. D. Van Hoose.

Cuando la iglesia comenzó a crecer, el pastor temía no ser capaz de hacer frente a la obra que Dios estaba haciendo. Dudó de su capacidad para manejarlo todo. La congregación estaba creciendo, durante los servicios ocurrían milagros, y un programa de construcción se hizo

Ángeles e intercesión

necesario para dar cabida a las crecientes necesidades de la congregación.

Un día el pastor Van Hoose entró en su despacho y cerró la puerta con llave. Necesitaba que Dios mismo le dijera que él era el hombre para ese trabajo. Cayó sobre su rostro y durante cuarenta agotadores minutos le pidió a Dios que lo ratificara o lo liberara de una responsabilidad que se sentía incapaz de manejar.

Finalmente agotado, se sintió liberado. Cuando se sentó en la silla de su escritorio, sintió una presencia en el lugar. Armándose de valor, le dijo: "¡Revélate delante de mí!".

Una silla que estaba colocada cerca de uno de los extremos de la mesa de repente se puso blanca y comenzó a resplandecer, excepto por un pequeño punto negro en el centro. El punto comenzó a crecer, y oyó el sonido de un objeto moviéndose desde una gran distancia hacia él con una tremenda velocidad. Parecía como si fuera a explotar, y en un abrir y cerrar de ojos, el punto se convirtió en un hombre, el más agraciado y atento que jamás haya visto.

El pastor Van Hoose no notó cómo estaba vestido su visitante porque no pudo apartar los ojos de ese rostro de características fuertes, marcadamente cinceladas, y con un aura de nobleza.

El ángel habló de una vez: "Tus oraciones han sido escuchadas y vas a ser utilizado. He sido enviado por Dios para darte instrucciones. Escucha con atención lo que tengo que decirte".

El ángel comenzó entonces a conversar con el pastor Van Hoose sobre su vida y su obra, explicándole diversos acontecimientos que ocurrirían, y ratificándole que él no estaba siendo liberado de ese ministerio. Por el contrario, seguiría siendo utilizado para engrandecer el nombre de Jesús, y para ayudar a los enfermos y los necesitados.

Seguidamente, la luz que se había convertido en el ángel comenzó girar de manera inversa a como había llegado. El ángel se hizo de nuevo un pequeño punto que finalmente desapareció, dando vueltas conjuntamente con la luz que lo acompañaba, dejando al pastor parpadeando y con la boca abierta por el asombroso encuentro.

No pasó mucho tiempo antes de que las profecías del ángel se cumplieran. La asistencia a la iglesia creció, se abrieron estaciones de televisión, y llegaron oportunidades misioneras junto con el dinero necesario para desarrollarlas, todo sin contraer deudas.

El mensaje del ángel, aplicable a todos nosotros, fue este: No temas hacer lo que Dios te ha encargado. Todos hemos sido llamados a orar por las necesidades de los demás, y debemos perseverar hasta que ocurra una respuesta.

A veces pareciera que los ángeles no son enviados tan rápido como nos gustaría. Pero en los casos en que intercedemos por alguien para la salvación, es preciso perseverar.

Una experiencia relacionada con el profeta Daniel y un

ángel nos sirve como recordatorio a todos aquellos que estamos intercediendo por otra persona. Daniel sabía cómo prevalecer en oración, según podemos ver en este versículo: "Yo, Daniel, pasé tres semanas como si estuviera de luto. En todo ese tiempo no comí nada especial, ni probé carne ni vino" (Dn. 10:2-3).

Note lo que el ángel le dijo a Daniel cuando finalmente llegó: "No tengas miedo, Daniel. Tu petición fue escuchada desde el primer día en que te propusiste ganar entendimiento y humillarte ante tu Dios. En respuesta a ella estoy aquí. Durante veintiún días el príncipe de Persia se me opuso, así que acudió en mi ayuda Miguel, uno de los príncipes de primer rango. Y me quedé allí, con los reyes de Persia" (v. 12-13).

El ángel había salido del cielo con la respuesta desde el primer día en que Daniel oró, y luchó durante tres semanas para romper las barreras de las fuerzas de oposición de Satanás. Cuando se le unió en la batalla el gran arcángel Miguel fue que finalmente pudo liberarse y entregar el mensaje.

Suponga que Daniel se hubiera dado por vencido y dejado de orar por su nación antes de que el ángel pudiera lograr superar a sus oponentes. ¿Habría ocasionado el cese de la oración que el ángel se quedara sin el poderoso apoyo de la intercesión? ¿Habría tenido el ángel una lucha más difícil contra los poderes que trataban de detenerlo? Si Daniel hubiera perdido la fe en la capacidad del Señor en contestar, dudo que habría recibido la respuesta, aunque el ángel hubiera vencido el reducto enemigo. Es posible que nunca sepamos de oraciones que pudieron haber sido contestadas si no nos hubiéramos rendido tan pronto.

Me pregunto qué haría Dios por nuestras naciones si todos los cristianos adoráramos a Dios verdaderamente como lo hacía Daniel tres veces al día. Los ángeles son responsables de la protección de las naciones, de manera que ni el diablo ni la gente mala puedan estropear el programa de Dios; pero nuestro respaldo intercesor es de vital importancia para su desempeño. Debemos aprender a seguir el ejemplo de Daniel.

Él no solo persistió hasta que los poderes que se le oponían fueron derrotados, sino que complementó su oración determinada con ayuno. He descubierto que cuando privamos a nuestro cuerpo de alimentos, la molestia en el estómago sirve como un recordatorio constante de nuestra necesidad de orar con diligencia. No hay virtud alguna en pasar hambre

Si no tenemos fe. Podríamos tomar la decisión de acostarnos y no comer más hasta morir, y aun así no lograríamos nada. Pero cuando combinamos la abnegación con la fe y la oración, se genera la energía que impulsa nuestras oraciones con más fuerza que antes, a veces con resultados sorprendentes.

El apóstol Pablo escribió: "Porque nuestra lucha no es contra seres humanos, sino contra poderes, contra

Ángeles e intercesión

autoridades, contra potestades que dominan este mundo de tinieblas, contra fuerzas espirituales malignas en las regiones celestiales" (Ef. 6:12).

Las fuerzas de Satanás quieren derrotarnos, obstaculizar nuestras oraciones, y dañar a nuestros seres queridos, pero nosotros no carecemos de poder. Las armas con las que contamos "tienen el poder divino para derribar fortalezas" (2 Co. 10:4). El salmista David escribió de sus enemigos: "Sean como la paja en el viento, acosados por el ángel del Señor" (Sal. 35:5).

Hacemos bien en pedirle a Dios que nos dé el deseo de orar hasta que la victoria esté ganada. Se dice que un desconocido en busca de fortuna durante la fiebre del oro en California fue encontrado muerto con una nota en su mano que decía: "Me rindo". Más tarde se descubrió a solo once pies (tres metros) de su cuerpo, el hallazgo de oro más grande de toda la historia del oeste. Así que pídale a Dios que le dé el coraje y la determinación necesarios para no renunciar o ceder ante las fuerzas que vengan en su contra. Sabemos que los ángeles del Señor saldrán a la batalla para luchar por nuestras buenas causas cuando oramos, así como lo hicieron por Daniel. Incluso podría ayudar si pensamos en la oración como nuestra obligación cristiana.

Nunca se rinda si no ha habido respuesta. Manténgase intercediendo, y verá cómo los ángeles del Señor toman sus espadas y luchan por usted.

6

ÁNGELES MENSAJEROS

Una de las primeras cosas que aprendí sobre los ángeles es que la palabra ángel significa *mensajero*, mensajero y *embajador*. Supongo entonces que la mayoría de sus misiones implican la transmisión de los mensajes e instrucciones que Dios tiene para nosotros. ¿Significa esto que si estamos indecisos sobre lo que Dios quiere que hagamos, los ángeles pueden llegar con la respuesta?

Tal parece que fue el caso con Mike Burton y su esposa Hannah, que trabajaron durante veintiséis años para establecer una iglesia, un hospital, y un orfanato en Calcuta, India.

Una temporada de verano las lluvias monzónicas fueron particularmente destructivas, y Mike sintió temor al ver que las inundaciones amenazaban con destruir todo lo que tanto les había costado construir. El gobierno declaró a Calcuta zona de desastre y comenzó una evacuación.

Después de ver a su esposa y a todos los que estaban bajo su cuidado ya seguros, Mike abordó un pequeño avión comercial y se sentó del lado del pasillo, junto a un asiento vacío. Estaba contento de estar sentado solo, pues la pena que lo embargaba era demasiado grande.

Cuando el avión tomó velocidad y alzó vuelo, Mike se preguntó si los años de sacrificio habían sido en vano. ¿Se perdería todo el trabajo que él y su esposa habían hecho? ¿Qué ocurriría con aquellos que no habían podido ser sacados en helicóptero de las áreas inundadas? Oró en silencio por ellos.

Sus pensamientos fueron interrumpidos cuando un hombre bien vestido entró al pasillo y se sentó a su lado, en el asiento junto a la ventana. Cuando el hombre comenzó a hablar, mostró un extraño conocimiento sobre el temor de Mike y su trabajo en la India, a pesar de Mike no se había presentado ni mucho menos mencionado sus preocupaciones. El desconocido habló sobre el futuro de la India y alentó a Mike a no tener miedo. Incluso le dio consejos prácticos para el futuro.

El corazón de Mike se llenó de valor y sintió esperanza de que todo estaría bien, y de que Dios estaba protegiendo su ministerio. Sintió seguridad de que continuaría su trabajo misionero en Calcuta.

Mientras hablaban, una azafata se detuvo junto al asiento de Mike para preguntarle si deseaba tomar algo. Mike pidió un refresco, y se volvió para ver si su nuevo compañero de asiento deseaba algo. ¡Nadie estaba a su lado!

Agitado, Mike se levantó y trató de encontrarlo. Buscó en el baño y en cada rostro a lo largo de ambos lados del pasillo. El hombre bien vestido no estaba en ninguna parte.

Cuando Mike le preguntó a la azafata si ella lo había visto sentado a su lado, ella le respondió que no; y después de comprobar el número de pasajeros, le confirmó que el número correcto era el que estaba a bordo. El hombre bien vestido no estaba entre ellos.

¿De dónde había salido el desconocido, y a dónde se había ido? Mike solo sabía que había sido visitado por un ángel con un mensaje especial y que debía regresar a trabajar con confianza.

Varios días después, cuando regresó a Calcuta, encontró todo tal como el hombre había predicho, y dio gracias a Dios por las instrucciones del ángel mientras luchaba en un momento de indecisión.

Probablemente el mensaje más importante que se ha entregado fue el que le dio el ángel Gabriel a la virgen María, y que puso a José en una terrible situación de indecisión, y en la necesidad de un mensaje de Dios.

Gabriel fue enviado por Dios para que le anunciara a María que ella iba a dar a luz a Jesús, el Mesías. Él ángel la saludó con estas palabras: "¡Te saludo, tú que has recibido el favor de Dios! El Señor está contigo" (Lc. 1:28).

El evangelista Lucas nos dice que María se turbó

por sus palabras. ¡Ciertamente cualquier chica quedaría conmocionada si de repente se le apareciera un heraldo majestuoso y le anunciara que tiene el favor de Dios! Sin embargo, Lucas 1:29 dice que María no "se perturbó" por su presencia, sino por sus palabras. Tal vez su verdadera humildad y su corazón libre de orgullo le impedían considerarse a sí misma como una persona especialmente digna de favor. En cualquier caso, Gabriel apaciguó sus temores. "No tengas miedo, María; Dios te ha concedido su favor—le dijo el ángel—. Quedarás encinta y darás a luz un hijo, y le pondrás por nombre Jesús. Él será un gran hombre, y lo llamarán Hijo del Altísimo" (Lc. 1:30-32).

Entonces vemos una vez más la naturaleza humilde de María en su respuesta. Ella no pregunta por qué ha sido elegida, ni qué hay en ella que ha agradado al Señor. Simplemente pregunta cómo ocurrirá este increíble acontecimiento, ya que, según explica, ella es virgen. El ángel le responde que el poder del Altísimo la "cubrirá con su sombra", y que ella concebirá.

Note la diferencia entre la respuesta de María y la de Zacarías, cuando el ángel Gabriel le dijo a este último que su esposa daría a luz un hijo que "preparará un pueblo bien dispuesto para recibir al Señor" (Lc. 1:17). La pregunta de María: "¿Cómo podrá suceder esto?". muestra una fe curiosa y expectante. Ella no dudó en la posibilidad, simplemente se preguntó cómo el Señor lo llevaría a cabo.

Zacarías, por el contrario, expresó duda y exigió una

prueba: "¿Cómo podré estar seguro de esto? —preguntó Zacarías al ángel—. Ya soy anciano y mi esposa también es de edad avanzada". Pero no obtuvo el tipo de prueba que probablemente esperaba. El ángel declaró:

> "Yo soy Gabriel y estoy a las órdenes de Dios […]. He sido enviado para hablar contigo y darte estas buenas noticias. Pero como no creíste en mis palabras, las cuales se cumplirán a su debido tiempo, te vas a quedar mudo. No podrás hablar hasta el día en que todo esto suceda".
> —Lc. 1:19-20

Cuando alguien que forma parte de los ejércitos del Señor viene a nosotros con un mandato claro, lo mejor que podemos hacer es creerle.

María aceptó el mensaje del ángel. Después de que este se fue, ella no se jactó con sus amigos de que había sido elegida por Dios, sino que meditó en estas y muchas otras cosas en su corazón. A mí me sorprende la obediencia de María, su sumisión a la voluntad de Dios, y su disposición a escuchar el mensaje del ángel.

Cuando se les hizo evidente a los habitantes del pueblo que María estaba embarazada, su prometido José entró en un estado de indecisión terrible. Aparentemente ya había transcurrido mucho tiempo. Él amaba a María, pero tal vez le pareció que su explicación era muy difícil de creer. ¿Debía casarse con ella o no? ¿Qué pensaría la gente? ¿Lo acusarían de ser un inmoral? Estaba en un torbellino de indecisión, y necesitaba ser aconsejado. Finalmente, y con la finalidad de ahorrarle más humillaciones públicas, decidió divorciarse de María en secreto. Pero esta no era la opción que el Señor quería. José necesitaba ser guiado si había de seguir la voluntad de Dios.

Mateo nos dice: "Pero cuando él estaba considerando hacerlo, se le apareció en sueños un ángel del Señor y le dijo: 'José, hijo de David, no temas recibir a María por esposa, porque ella ha concebido por obra del Espíritu Santo'" (Mt. 1:20). Después de ese mensaje, José nunca más puso en tela de juicio la fidelidad de María (¡Siempre me gusta subrayar que el primer consejero matrimonial fue un ángel!).

Los ángeles siguieron dando instrucciones a María y José. Después del nacimiento de Jesús en Belén, donde José había sido obligado a inscribirse en el censo, se enteraron por parte de los magos de que el celoso rey Herodes estaba preguntando por el niño. Una vez más José necesitó dirección, y nuevamente un ángel del Señor le habló en un sueño y le dijo que tomara al niño y a la madre, huyera a Egipto, y permaneciera allí hasta que recibiera la noticia de que todo había cambiado.

Cuando el malvado Herodes se dio cuenta de que había sido engañado se puso furioso. Dio órdenes para que todos los niños de dos años para abajo que estuvieran en Belén o sus cercanías fueran asesinados, con la esperanza de que alguno de ellos fuera el Niño Jesús. Pero Jesús estaba a salvo gracias a la disposición de sus padres de obedecer el mensaje de Dios traído por sus ángeles.

Este relato de María y José tal vez muestra como ningún otro pasaje de las Escrituras el trascendental papel de los ángeles como mensajeros, y la importancia de que les creamos. María y José aceptaron lo que dijo el ángel como proveniente directamente de Dios y actuaron en consecuencia, conservando así el plan de salvación de Dios para el mundo. Si hubieran ignorado el mensaje, el bebé Jesús pudo haber sido uno de los bebés muertos.

Si los ángeles tienen un control semejante de los asuntos de los hombres, tanto ahora como en el futuro, los mensajes que nos comunican deben ser importantes, no solo desde nuestra perspectiva de querer saber lo que debemos hacer, sino desde la perspectiva más amplia de la voluntad de Dios obrando en el mundo. Siempre me impresiona la bondad de Dios y me siento agradecida por su deseo de disponer "todas las cosas para el bien" (Ro. 8:28).

Alden Fisher, un apuesto nativo americano de la tribu Sioux que vivía cerca de nosotros en Dakota del Sur, me habló de su experiencia personal de recibir orientación de un ángel, y el beneficio que esto significó para su vida.

Desde que era niño, la pobreza y la insuficiencia de su pueblo en la reserva habían arrojado un manto de desesperación sobre él. Para escapar de la realidad, su familia elaboraba un brebaje a base de whisky, y pasaban el fin de semana tratando de ahogar su desdicha en el alcohol. Incluso mezclaban alcohol con Kool-Aid de naranja y se lo daban a los niños.

No era de extrañar que Alden se convirtiera en un alcohólico. Cuando creció y se hizo un adulto joven salió de la reserva. Consumía sus días bebiendo, pasaba sus noches en los vagones de ferrocarril, y comía en casas de caridad y comedores populares.

Una noche fue atracado y golpeado por cuatro hombres en un bar, que al parecer lo dieron por muerto. Él no sabe cuánto tiempo estuvo inconsciente antes de ser descubierto y llevado a una misión de rescate, donde sucedió algo asombroso. De alguna manera, el amor y el cuidado de las personas que estaban allí despertaron un anhelo en él, y una noche tuvo un sueño especial.

En este vio a dos niños solos y asustados, un niño y una niña que no conocía, cruzando un puente de ferrocarril. Sintió que estaban en peligro, y vio a un ángel aparecer para ayudarlos. Entendiendo el ejemplo del ángel, Alden caminó hasta donde estaban los dos niños, tomó a cada uno de la mano, y los guió hasta un lugar seguro.

Cuando se despertó, se dio cuenta de que había ocurrido en él una transformación interna. Quería ser libre de una vez por todas de la esclavitud del alcohol, y por primera vez en su vida anheló casarse y tener hijos. El ángel en su sueño despertó en él el deseo de tomar las decisiones que aparentemente Dios quería para su vida, y de ser el hombre que Dios quería que fuera.

Gracias a las oraciones de la gente en la misión, así como a sus propios deseos renovados, la vida de Alden dio un giro milagroso. Actualmente está casado con una música reconocida, y tiene dos hijos, el niño y la niña que vio en su sueño.

La experiencia de Alden Fisher también es única en el sentido de que en su sueño vio a un ángel que parecía un ángel. En la mayoría de los relatos en primera persona que he escuchado, esta es la excepción y no la regla. Por lo general, los ángeles que entregan mensajes lucen como personas comunes, y es solo después de la visita que la persona se da cuenta de que ha sido ministrada por un ángel.

No hubo evidencia visible que distinguiera de los otros pasajeros al ángel que habló con Mike Burton en el avión sobre la India, hasta que este desapareció. Hubo cualquier cantidad de ocurrencias inusuales en la visita que tuvo John Wright por parte de un ángel, pero en el momento a él todo le pareció perfectamente normal.

Mientras John estaba pastoreando una iglesia en Bozeman, Montana, se enteró de que se estaba organizando un grupo en la vecindad para tratar de refutar el nacimiento virginal de Jesús y desacreditar la Biblia. Algunos hombres del grupo eran ministros ordenados que tenían mucha influencia.

John había trabajado arduamente para establecer una

iglesia y para defender la verdad; y su congregación había estado planificando construir un nuevo templo. Pero ahora temía que sus feligreses sufrieran por el trabajo que estaba llevando a cabo este grupo para socavar la enseñanza ortodoxa cristiana.

Como necesitaba tiempo a solas para pensar y orar, John se tomó unos días libres para cazar alces en Wyoming. Una mañana, mientras cazaba justo por debajo del límite arbóreo, disfrutó de un hermoso amanecer en las laderas nevadas. John oró y le pidió a Dios que le quitara el miedo al futuro, y que ayudara a su iglesia a reunir el dinero que necesitaban. Cuando levantó la mirada, vio emerger a un cazador desde el límite arbóreo, y acercarse a él. En cuestión de minutos el cazador recorrió la distancia con pasos largos y calmados, se sentó informalmente en un tocón, y saludó a John amistosamente.

—Es hermoso este lugar, ¿no le parece? —dijo John.

—Así es. Pero si usted piensa que esto es hermoso, debe ver el lugar de donde acabo de llegar—dijo el desconocido, que seguidamente pasó a describir las glorias del cielo.

A medida que el visitante hablaba, John tuvo la extraña sensación de que lo conocía de algún lugar. Y por alguna razón que no pudo explicar, terminó abriéndose con el desconocido, hablándole de su iglesia en Bozeman, del nuevo grupo en la ciudad, y hasta del proyecto de construcción de su congregación.

—¿Cuánto dinero se necesita para terminar el proyecto? —dijo el desconocido.

—Veinte mil dólares—respondió el pastor.

—No tengas miedo en estar de parte de la verdad—afirmó el cazador enfáticamente—, y no tengas miedo del futuro de tu ministerio o tu iglesia. El dinero vendrá.

Luego, sin decir una palabra, se levantó, se dirigió colina arriba a una velocidad sorprendente, y desapareció entre los árboles.

Sorprendido por lo ocurrido, John se sintió agradecido de que un simpático desconocido lo hubiera visto en el bosque de Wyoming y se hubiese dado a la tarea de ir hasta donde él estaba para animarlo. Sin embargo, cuanto más pensaba en ello, más extraña le parecía la situación.

¿Cómo pudo este cazador hablar de las bellezas del cielo, que prácticamente deben ser como las describió? ¿Cómo pudo hablar con tanta autoridad sobre lo que iba a suceder en su iglesia?

Aparte de eso, cuanto más pensaba en todo el asunto, más se daba cuenta de que el hombre había recorrido la distancia desde y hacia el límite arbóreo más rápido de lo que cualquier persona pudiera haberlo hecho. Aún mirando hacia el lugar por el que el hombre se fue, John se dio cuenta de lo más sorprendente de todo: ¡El individuo no había dejado rastro en la nieve!

De repente John recordó algo. Había ocurrido treinta años atrás, en el verano de 1953, cuando estudiaba sus primeros años de teología. Su viejo automóvil se había averiado en el camino, y pensó que estaba varado hasta que vio a un hombre venir en un automóvil nuevo por una carretera que estaba en medio de un sembradío. Tan pronto como llegó, el hombre se hizo cargo de la situación.

A pesar de que John no tuvo la oportunidad de decírselo, este hombre de alguna manera sabía que John había estado considerando localizar a un viejo amigo que vivía en una ciudad cercana, así que lo llevó directo a la casa de su amigo. Allí casualmente pudo adquirir un automóvil que el amigo tenía a la venta, y continuar su camino a la universidad.

Fue una experiencia extraña que nunca fue capaz de explicar. Pero ahora John sabía que, a pesar de que sus ojos fueron velados mientras el cazador estuvo con él, se trató del mismo ángel del Señor enviado para exhortarlo a ser valiente.

Su temor desapareció y John Wright regresó a casa, donde todas las piezas parecieron encajar. El grupo de disidentes no obstaculizó su ministerio, y pronto recibió dos cheques para el proyecto de construcción de parte de donantes anónimos por un total de veinte mil dólares.

Después de ver todos estos acontecimientos milagrosos, ¿podemos dudar de que Dios envía ángeles para entregar mensajes al pueblo de Dios hoy en día?

Otra experiencia asombrosa relacionada con la visita de un ángel mensajero la vivió mi hermano Marvin. Tal vez fue el mismo ángel que en silencio lo protegió cuando la tapa del radiador explotó frente a su rostro. Pero no hubo nada secreto en esta segunda experiencia.

Marvin me contó que el desánimo se había instalado en su corazón y en el de Sharon debido a que algunos objetivos y planes familiares no parecían materializarse, ni para ellos ni para sus hijos. De alguna manera, se sentían estancados espiritualmente.

Una noche Marvin se sintió particularmente frustrado, sin saber qué hacer. Oró durante casi una hora y luego se fue a la cama, cayendo casi de inmediato en un profundo sueño. Horas después soñó sobre algunos de los problemas de su familia que, en el sueño, se resolvieron en medio de la rica provisión de Dios.

Bien haya sido en sueños o mediante el poder del Espíritu Santo que los rodeaba, Marvin y Sharon se despertaron por igual y se quedaron impresionados al ver la habitación iluminada como si fuera mediodía. Al lado de la cama estaba un ángel, enorme y brillante. El ángel se inclinó y tomó las manos de mi hermano con una de sus grandes manos, colmando su cuerpo con el poder de Dios.

Marvin me dijo que sintió como un extraño calor en sus manos, fresco pero al mismo tiempo incandescente, así como un ardor en el pecho. Se sintió completamente débil, abrumado por el poder indescriptible en la habitación. Exteriormente se sintió paralizado; interiormente tan ligero como polvo danzando a la luz del sol radiante. Luego recibió un telegrama mental: "No tengan miedo, mi rebaño pequeño, porque es la buena voluntad del Padre darles el reino" (Lc. 12:32).

En un instante, el ángel juntó las manos de Marvin y desapareció ante sus ojos. La habitación regresó a la oscuridad de la noche. Los ojos de Marvin se esforzaron para adaptarse a la poca iluminación. Su respiración era dificultosa, y su pecho y sus manos seguían ardiendo con ese extraño ardor frío. Entonces la vida volvió a él con un deslumbrante flujo de energía.

¿Había ocurrido verdaderamente esta experiencia? Siendo tan inquisitivo y especulativo, se preguntaba si la experiencia solo había formado parte de su sueño. Pero, como si se tratara de la respuesta a su pregunta, su espíritu reaccionó como una jaula llena de palomas revoloteando, lo que le confirmó la realidad de la visita.

Fue entonces cuando recordó a Sharon, que estaba sentada en silencio junto a él. Cuando estaba a punto de preguntarle si ella había presenciado lo mismo que él, se dio cuenta de que el ángel había dejado algo en sus manos cuando se las juntó. Tomó una linterna que tenía junto a la cama e iluminó el objeto.

Para su sorpresa, era una tarjeta con un versículo tomada de su "caja de promesas", una pequeña caja que mantenían en la repisa de la ventana sobre el fregadero de la cocina. Ni él ni Sharon habían llevado la pequeña tarjeta al piso de arriba y, sin embargo, allí estaba en su mano.

Emocionado, Marvin leyó en voz alta el versículo en la tarjeta, y descubrió que era el mismo que el ángel le había mencionado a través del pensamiento: "No tengan miedo, mi rebaño pequeño, porque es la buena voluntad del Padre darles el reino".

Sharon estaba tan paralizada como él, e igualmente convencida de la realidad de su visitante celestial. Pero a medida que pasaban los días, ambos dudaron en compartir la experiencia con otros, hasta que cosas sorprendentes comenzaron a suceder. En las siguientes semanas descubrieron una iglesia que sintieron que era la provisión del Señor. Marvin recibió una inesperada promoción en su trabajo. Nuevas oportunidades en la comunidad se abrieron para los niños. Los cuatro miembros de la familia disfrutaron de nuevas oportunidades para compartir su fe en Dios, y pudieron orar con personas que vinieron a ellos en busca de respuestas. Todo esto ayudó a que se cumplieran las metas que Marvin y Sharon habían fijado para su familia. Era de hecho la buena voluntad de Dios el darles el Reino.

Tal vez no todas las visitas angélicas son tan llamativas y sobrecogedoras como la que me contó mi hermano, pero el mensaje llegará de una u otra manera. Sea cual sea la forma que Dios elija para comunicarse, lo hará de manera clara y comprensible. Bien sea por medio de una revelación del Espíritu Santo o por una visita sorpresa de un ángel, Dios revelará las respuestas a nuestras preguntas en momentos de indecisión.

Tampoco importa si nos enteramos que el visitante es un ángel. Parece que hay tres tipos de visitas angelicales: cuando percibimos en el momento que un ángel está con nosotros, cuando nos damos cuenta después de que un ángel nos visitó, y cuando no tenemos idea de que un ángel nos ha ministrado. Con respecto a esta tercera clase de visitación angelical, a menudo me he preguntado cuántas veces el consejo ocasional de un extraño pudo haber sido más que eso. Tal vez fue un ángel guiándome, protegiéndome, o transmitiéndome un mensaje destinado a alentarme o señalarme la dirección correcta.

Me llama la atención un versículo fascinante de uno de los Salmos que puede ofrecer un par de pistas sobre los ángeles mensajeros: "Le has hecho [al hombre] poco menor que los ángeles" (Sal. 8:5, RVR60). ¿Quiere esto decir que hasta que nos unamos a las huestes celestiales a través de la muerte de nuestros cuerpos físicos y la herencia de nuestros nuevos cuerpos eternos, los ángeles al servicio de Dios tienen un rango un poco mayor que el nuestro? Aparentemente es así. También puede significar que son más poderosos físicamente, y capaces de hacer muchas cosas que nosotros no podemos, como viajar hacia y desde el trono de Dios y navegar los vientos de los cielos.

Sabemos por las Escrituras que los ángeles se regocijan cuando un pecador se arrepiente (Lc. 15:10), y por medio de su obediencia a Dios trabajan para la conquista de ese día en el que nosotros los creyentes estemos en el cielo y ya no seamos un "poco menor" que ellos. Su desprendimiento es un factor importante en nuestra aceptación de sus mensajes.

Este desprendimiento es otra gran diferencia que he encontrado entre los ángeles que continúan sirviendo al Señor y los que fueron arrojados del cielo a causa de su orgullo y ambición de poder. Estos ángeles caídos o demonios están constantemente trabajando contra nosotros y contra el poder de los ejércitos del Señor. Ellos buscan apartarnos de nuestro compromiso de servirle. Debemos tener cuidado entonces de estar escuchando a un verdadero representantes de Dios antes de seguir cualquier mensaje, ya que el maligno trabaja para evitar que obedezcamos a Dios.

Todos experimentamos tentaciones. Por eso es útil comprender de dónde vienen y qué ayuda podemos tener contra ellas. Este será el tema de nuestro próximo capítulo.

Póngase cómodo. Satanás, o Lucifer, y una tercera parte de los ángeles, fueron echados del cielo. ¡Eso nos deja con una mayoría de dos tercios de ángeles buenos trabajando para nosotros!

7

Los ángeles y la tentación

En nuestra batalla por vivir una vida cristiana, estamos constantemente luchando contra el mal y la tentación. Así como Satanás tentó a Jesús cuando este anduvo en la tierra, nuestro enemigo trata de bloquear nuestro servicio y nuestro compromiso con Dios. La mayoría de las veces sabemos distinguir el bien del mal, y muy a menudo preferimos ceder a la tentación que resistirnos a ella.

Hay dos fuerzas en juego, una a nuestro favor y otra en contra, las cuales examinaremos en el curso de este capítulo. También tenemos que lidiar con nuestra propia naturaleza pecaminosa, que se esfuerza en salir a flote. Recuerde la exhortación de Jesús: "Estén alerta y oren para que no caigan en tentación" (Mt. 26:41). Y tenga en cuenta la ayuda que como creyentes tenemos a nuestra disposición.

Frances Jacobs, que vivía a una milla de nosotros, aprendió un poco sobre esta ayuda gracias al encuentro con un ángel silencioso mientras luchaba con una fuerte tentación.

Durante años ella había luchado con un problema de alcoholismo, pero gracias a la paciencia de un esposo que la amaba, y de amigos que oraban por ella, Dios realizó un milagro. Ella se libró del alcoholismo y vivía una vida cristiana victoriosa.

Entonces uno de sus hijos comenzó a juntarse con "gente equivocada". Empezó a beber en exceso y a actuar destructivamente. Frances sabía que él se había robado unos equipos y destruido otros que pertenecían a una escuela cercana. Cuando fue arrestado y se estableció la fecha para un juicio, su madre se sintió destruida.

El día en que su hijo se presentaría en la corte, Frances se sentó en el sofá de la casa, casi imposibilitada de soportar la tensión. Una tentación era desmoronarse emocionalmente. Otra, apoyarse en su vieja muleta. El alcohol seguramente ahogarla su sensibilidad y la ayudaría a atravesar ese difícil momento.

Frances se sentó durante un rato con la vista puesta en la puerta de la calle, pensando en la tentación. ¿Debía salir por esa puerta, subirse a su automóvil, y comprar una botella?

Mientras miraba fijamente a la puerta, comenzó a parpadear con fuerza. Y es que por un instante pensó que sus ojos le estaban jugando una mala pasada. Era como si una luz brillante estuviera bailando entre ella y la puerta. En medio de la luz se formó una figura que se fue convirtiendo poco a poco en un gran ángel vestido de blanco. El ángel no dijo nada, pero su poderosa presencia solidaria y la expresión de su rostro le comunicaron a Frances sin necesidad de palabras que ella no necesitaba un trago, y que todo estaría bien.

El ángel se fue silenciosamente, y la luz se diluyó hasta convertirse en la luz normal del día. Durante un largo rato permaneció inmóvil, absorbiendo la fuerza y el valor que su visitante había generado. Decidió no ir a beber.

Resultó ser que a su hijo le fue bien en el juicio, y eso marcó el inicio de una nueva etapa de madurez para él. Frances, por su parte, se siente agradecida de haberse mantenido firme en contra de la tentación del alcohol, y sabe que está siendo fortalecida día a día.

Cuando Jesús enfrentó la tentación en el huerto de Getsemaní, oró para evitar beber la copa del sufrimiento y de la muerte, pero añadió una declaración que muestra su perfecta obediencia al Dios Padre: "Pero no sea lo que yo quiero, sino lo que quieres tú" (Mt. 26:39). En otras palabras estaba diciendo: "Señor, yo quiero ir en una dirección, pero tú quieres que yo vaya en otra. Iré por el camino que tú escojas". Después de su oración, fue enviado un ángel desde el cielo para ayudar a Jesús a enfrentar lo que parecía verdaderamente difícil.

Nótese aquí que Jesús conocía la voluntad de su Padre cuando dijo: "Sino lo que quieres tú", y oró pidiendo fuerzas para lograrlo. Esta es una forma inteligente de hacer las cosas que nosotros podemos imitar. Cuando oramos debemos pedir al Señor que nos revele su voluntad para nosotros, y luego orar en ese sentido, actuar con obediencia, y esperar pacientemente.

Si un ángel vino a ministrarle a Jesús, y Jesús dice que nosotros haremos cosas mayores que Él (ver Jn. 14:12), entonces nosotros también podemos esperar que los ángeles nos ayuden a mantenernos firmes cuando la tentación aparezca.

Jeff y Holly Cummings enfrentaron una clase de tentación diferente a la atracción al alcohol de Frances Jacobs. Ellos se sintieron tentados a dudar de la bondad y el poder sanador de Jesús, los cuales consideraban que podían clamar como cristianos. Las dificultades vinieron con el nacimiento de su tercer hijo. Cuando nació la pequeña Rachel, sus padres estaban llenos de alegría y gratitud a Dios por haberles confiado un nuevo ser. Pero su felicidad pronto se convirtió en temor.

Cuando tenía apenas dos días de nacida, el médico detectó cierta anormalidad en sus respuestas físicas. Ordenó pruebas médicas de inmediato, y sorprendió a los padres al informarles que el resultado había dado "positivo". Era muy probable que sufriera de retraso mental, aparte de otros posibles trastornos.

Se realizaron diversas pruebas para diagnosticar el estado de Raquel. Para cuando tenía cuatro meses, después de haber pasado la mayor parte de su corta vida en el hospital, su pequeño cuerpo estaba inflamado de tantos pinchazos. Incluso comenzó a mostrar temor hacia los extraños.

Jeff y Holly se aferraron a su creencia de que Jesús venció el dolor y la enfermedad por medio de su muerte en la cruz. Pero en sus pensamientos y conversaciones comenzó a filtrarse la tentación de dudar de que Dios podía sanar a su bebé, e incluso de que estaba cuidando adecuadamente de ella. Fue especialmente difícil para ellos mantener la esperanza en el cuidado de Dios cuando cada día parecía traer más síntomas y noticias devastadoras.

A los seis meses le hicieron exámenes a Rachel para detectar parálisis cerebral, y al poco tiempo comenzó a presentar convulsiones violentas. Después de semanas de oración y de aferrarse al delgado hilo de esperanza que tenían, Jeff y Holly internaron a Rachel en otro centro médico para realizarle pruebas especializadas durante varios días, pensando que la situación difícilmente podría ponerse peor.

Pero lo hizo. Un sábado en la mañana, cuando los Cummings había dejado a sus dos hijas mayores con una niñera para que las cuidara durante el día, los médicos les dieron la noticia de que Rachel tenía un tumor en su cerebro que debía ser extraído inmediatamente. La operación era arriesgada de por sí, pero si no la realizaban la niña moriría. No les quedó otra opción que dar su consentimiento para la operación, así que la cirugía fue programada para el siguiente martes en la mañana.

Entonces, en lo que pareció un giro inusual, los médicos aceptaron permitir que los padres se llevaran a Rachel a casa a pasar el fin de semana con ellos, de manera que toda la familia pudiera estar junta. "Pero cuidado—advirtió uno de los médicos—. Un golpe en la cabeza podría ser fatal para ella".

Afligidos, Jeff y Holly apenas hablaron durante las pocas horas que se tardaron en regresar a su hogar. Una vez allí, colocaron a Rachel en su cuna, donde fue arrullada a través de las barras por sus dos hermanas. Seguidamente los agotados padres entraron en su dormitorio y cayeron de rodillas en oración. La tentación de dudar que Jesús podía sanar a Rachel era casi abrumadora. Pero una vez más encomendaron de manera resuelta a sí mismos y a sus hijos a su cuidado.

Mientras oraban, alguien llamó a la puerta. Holly se levantó para atender, y Jeff se dispuso a ir a la habitación de Rachel a ver a las niñas. Sin embargo, ambos notaron a través del cristal de la contrapuerta a un anciano sin afeitar y harapiento en el porche de la casa.

Ambos se miraron. Después de todo, se trataba de un extraño. Pero, ¿cómo podrían lidiar con el problema de alguien más en ese momento? Sin embargo, la compasión ganó, a causa de la mirada triste en el rostro del hombre. Holly abrió la puerta.

"¿Tendrá algo para comer? —preguntó—. Si lo desea, puedo barrer el porche de su casa a cambio de un poco de comida".

Holly miró a Jeff, y luego asintió. Jeff salió a quedarse con el anciano en el porche mientras Holly iba a la cocina a prepararle algo de comida. La conversación pronto giró hacia el tema principal en la mente de Jeff: la enfermedad de Rachel. Cuando llegó Holly con un emparedado y una bebida fría en una bandeja y la colocó en la mesita del porche, Jeff estaba hablándole al desconocido sobre el tumor y la operación que su pequeña enfrentaría el martes.

Los ojos del anciano se llenaron de lágrimas, y la comida aparentemente fue olvidada. "¿Puedo verla?", preguntó el anciano.

Jeff dudó. Además, Rachel tenía miedo de los extraños. Pero hubo algo en la solicitud del anciano que hizo que Jeff asintiera y lo llevara hasta la cuna.

Rachel seguía siendo el objeto de la atención cariñosa de sus dos hermanas mayores, pero tan pronto como la bebé vio al anciano, sonrió y le extendió la mano. Jeff comenzó a hablar y pensó decirle al anciano que no la levantara por temor a que la cabeza de la niña pudiera ser golpeada, pero por alguna razón desconocida, no se lo dijo. El anciano se inclinó y levantó a Rachel con suavidad, arrullándola y hablándole en voz baja. Luego puso su arrugada mano sobre su cabeza y dijo: "Angelito, no vas a necesitar esa operación, pues ya no hay nada malo en ti". Entonces le sonrió a Rachel y suavemente se la pasó a su padre. Seguidamente se dio la vuelta y salió de la habitación.

Los jóvenes padres se miraron durante unos segundos, y luego escucharon cerrarse la contrapuerta. Holly corrió hasta la puerta y miró hacia afuera. No había rastros del hombre, y el emparedado que había puesto en la mesa estaba intacto.

Esa noche todos se maravillaron de cómo había dormido Rachel tan pacíficamente, y el domingo la pasó muy tranquila. Solo el lunes en la mañana Jeff y Holly sintieron las familiares punzadas del temor, y la tentación de la desesperación.

Hicieron el largo viaje hasta el centro médico, le confiaron a Rachel a los médicos, y esperaron los resultados de los exámenes finales y de las radiografías previas a la operación que se realizaría el día siguiente. Se sentían temerosos casi de respirar.

No tuvieron que esperar mucho tiempo. Pronto aparecieron dos médicos moviendo la cabeza y mirándose perplejos. "No podemos explicar esto—dijo uno de ellos—, pero las radiografías no muestran signos del tumor".

"No sabemos lo que pasó—añadió el otro—, pero nos gustaría tenerla aquí durante un par de días, solo para asegurarnos de que está bien".

En los días siguientes, los médicos corroboraron sus hallazgos. Le entregaron a Rachel una vez más a sus padres, pero esta vez con una sonrisa y seguros de que "estaba bien".

El viaje a casa fue una celebración. El gozo llenaba los corazones de Jeff y de Holly mientras agradecían a Dios por el cumplimiento de sus promesas y mantenerse fiel a su Palabra. Esa noche, antes de llevar a sus tres saludables hijas a dormir, Jeff abrió la Biblia y leyó en voz alta: "Sigan amándose unos a otros fraternalmente. No se olviden de practicar la hospitalidad, pues gracias a ella algunos, sin saberlo, hospedaron ángeles" (Heb. 13:1-2).

Rachel está realmente bien. Actualmente tiene diez años, y es una niña saludable en todos los sentidos. A ella le gusta contarles a sus amigos la historia de su curación, y se hace eco de la creencia de sus padres: "!Conocí a un ángel del Señor!".

Como siempre, en el momento de la tentación la responsabilidad de la elección es nuestra. Jeff y Holly pudieron haberle dado paso al desaliento, incluso permitiendo que una mentira sobre el poder sanador de Dios y su cuidado amoroso gobernara sus mentes. Pero en su lugar eligieron la ayuda de Dios para mantener su esperanza y su fe.

No hay forma de saber qué habría pasado con Rachel de haber cedido sus padres a la tentación de la desesperación, pero creo que nosotros impedimos el ministerio de los ángeles en nuestras vidas cuando elegimos el camino equivocado. Podríamos estar montando barricadas en su camino al rendirnos de manera voluntaria a la tentación.

¡Y no es que no haya presión para rendirnos a la tentación! Hay una contrafuerza en acción a medida que avanzamos en la vida, que es la fuerza del mal. No solo hay ángeles buenos disponibles para ayudarnos en los momentos de tentación, sino también ángeles malos o demonios que trabajan para influir en nuestras decisiones morales.

Cuando Satanás, anteriormente el magnífico ángel Lucifer, fue expulsado del cielo, se llevó a un tercio de los ángeles con él. A pesar de eso, aún queda una mayoría de dos tercios de los ángeles del Señor librando batallas por nosotros, superando en un número de dos a uno a las fuerzas de Satanás. Es necesario que aumentemos nuestra conciencia de esa tercera parte que cayó y de su actividad demoníaca.

Las Escrituras nos dicen claramente que estos espíritus han estado luchando activamente contra Dios desde el momento en que fueron expulsados de su presencia. Estos son dos de los disfraces de Satanás: "Su enemigo el diablo ronda como león rugiente, buscando a quién devorar" (1 P. 5:8), y "Satanás mismo se disfraza de ángel de luz" (2 Co. 11:14). Él y sus demonios tienen diversos planes para tentar al pueblo de Dios a la rebelión.

Espíritus malignos fueron representados en la mitología clásica como sirenas, hechiceras que llamaban a los marineros en sus barcos con hermosos cantos y los atraían a sus muerte en las costas rocosas. Con su seductora voz, las sirenas tentaban a los marineros, inflamando sus pasiones y jugando con sus deseos y apetitos carnales, hasta que eran "sedados" y sometidos.

La atracción del pecado es como una droga que seda el espíritu y que nos predispone a ignorar las consecuencias de nuestras acciones. Cuanto más tiempo continuamos en pecado, más difícil se nos hace dejarlo.

La tentación como falsificación de lo bueno, llega con imágenes y canciones seductoras. Si la tentación no cantara o luciera como un ángel, no tendría poder para atraer y seducir. La maldad, con su máscara desgarrada, sus deformidades horribles, y su fealdad desnuda y expuesta, no lograría ningún hechizo. Pero al dejarnos fascinar por su encanto y su aparente inocuidad, dejamos que los malvados se acerquen lo suficiente como para agarrarnos por el cuello.

¡Cuán fundamental es que reconozcamos nuestra libertad como hijos de Dios para elegir correctamente! Las sirenas del pecado pueden cantarnos sin éxito. Podemos navegar en un rumbo directo hacia las manos de Jesús.

Me encanta un corito que cantamos en la iglesia basado en 1 Juan 4:4: "El que está en ustedes es más poderoso que el que está en el mundo". La razón por la que podemos cantar ese corito es que Jesús venció a Satanás al morir en la cruz y resucitar. Esta victoria le permite a Jesús decirnos: "¡Anímense! Yo he vencido al mundo" (Jn. 16:33).

Satanás no puede permanecer delante de la sangre de Jesús, por la cual perdió la batalla. Por esta razón, los demonios, y hasta ciertas personas, no pueden soportar oír la mención de la sangre de Jesús, la sustancia absolutamente fundamental para nuestra expiación del pecado. Muchas veces durante momentos de tentación o de temor he proclamado en voz alta el hecho de que la sangre de Jesús me "cubre" y me protege. Ningún demonio puede hacer nada en contra de eso, independientemente de cuán fuerte trate de hacerme caer.

La tarea principal de los demonios es alejarnos de la gracia salvadora de Jesús. Para lograrlo, engañan a los creyentes para que acepten distorsiones de la verdad. Permítame mostrarle lo que quiero decir.

Una conocida mía me había dado la imagen de ser una cristiana sincera y dedicada. Cuando se enteró de que yo estaba interesada en el tema de los ángeles, me comentó que estaba interesada en hablarme de "David", su ángel especial. Mientras hablaba, su historia me pareció sospechosa, como si ella disfrutara de una relación íntima permanente con un ser espiritual. Cuándo le pregunté quién era este David, recibí una respuesta sorprendente.

"Oh, tú lo conoces muy bien", respondió ella, y comenzó a describir al sujeto que hace muchos siglos mató al gigante Goliat y gobernó como rey de la nación de Israel. Ella creía que David era su ángel de la guarda y que Salomón, el hijo de David, era el ángel guardián de su hija. De hecho me animó a buscar un "médium" a través del cual yo también pudiera recibir importantes información por parte de David.

Los ángeles y la tentación

Se trataba claramente de un engaño. Dios prohíbe tajantemente que sus hijos consulten médiums o espiritistas, o a cualquiera que consulte a los muertos (ver Dt. 18:11-12). En Israel, en los tiempos del Antiguo Testamento, la pena por involucrarse con lo oculto era la muerte. El rey Saúl, bajo severo juicio de Dios, se quitó la vida después de usar a la bruja de Endor para conjurar el espíritu de Samuel.

Esta conocida mía, lejos de estar comunicándose con David como ella pensaba, estaba escuchando a un espíritu, una falsificador haciéndose pasar por David. Basta decir que su percepción espiritual se distorsionó y su vida se convirtió en un desastre. La voz que supuestamente le daba información importante solo la llevó a oscuridades más profundas.

Otra persona que se involucró profundamente con el mundo de los espíritus ejemplifica lo que sucede cuando uno busca la compañía de los demonios.

Una mujer que conozco reaccionó aislándose ante los graves problemas familiares que estaba enfrentando. Pronto se aisló de su propia familia. No confiaba en nadie. Agitada por el miedo que sentía por ella, su marido, y sus hijos, acudió (con la aprobación de ellos) a un "consejero espiritual". El consejero le dijo que no se preocupara, que cada miembro de su familia tenía ahora un ángel de la guarda "protector".

Pronto estos "ángeles de la guarda", que en realidad eran demonios, entraron en acción, pero en lugar de proteger a la familia de los supuestos peligros, llenaron sus vidas de terror. Un demonio, por ejemplo, se aparecía como una niña y corría por la casa gritando. Otros tomaban la forma de serpientes y se deslizaban en sus habitaciones.

No parecía haber escapatoria. La mujer incluso se sumergió en las drogas y el alcohol para escapar de la realidad de lo que antes le parecía irreal. Incluso mudarse a otra casa no alejó a los espíritus.

Felizmente para esta familia, fueron alcanzados con el evangelio y comprometieron sus vidas a Jesús. Solo entonces las aterradoras apariciones cesaron.

Pero hay casos en los que los espíritus no se rinden tan fácilmente. Estos pueden burlarse y declarar que es inútil tratar de deshacerse de ellos. En estos casos, la víctima puede pronunciar el nombre de Jesús, clamar la sangre de Jesús, y citar la Palabra de Dios para liberarse de ellos a través del ministerio de liberación que Jesús mismo practicó e impartió a sus discípulos. Estos entes del mal no pueden contra las armas de nuestra guerra, que el apóstol Pablo nombra en 2 Corintios 10:3-4, ya que estas "tienen el poder divino para derribar fortalezas".

Los demonios no atacan solo a los que participan en algún tipo de actividad relacionada con lo oculto, como consultar a un médium espiritual. Alguien muy cercano a mí, un cristiano dedicado y un guerrero de la oración, experimentó un ataque espiritual directo en el que Satanás aparentemente intentó alejarlo de sus deberes cristianos.

Los ángeles y la tentación

Una noche pasó horas en oración, y decidió continuar orando en la soledad de su iglesia. Sacó sus llaves para abrir la puerta principal y, después de entrar a la iglesia, la cerró de nuevo y se adentró en el santuario, cerrando las puertas del vestíbulo a su paso.

Después de un rato orando en el altar, oyó la pesada puerta de entrada abrirse y cerrarse. Él supuso que el ministro, que vivía al lado, había visto la luz y el vehículo estacionado afuera, y había venido a orar con él. Cuando las puertas del santuario se abrieron, miró hacia arriba esperando ver al ministro, pero las puertas se cerraron sin nadie a la vista. Supuso entonces que el ministro había echado un vistazo, se había asegurado de que todo estaba bien, y había salido nuevamente para no interrumpir su oración.

Esperando oír la puerta principal abrirse y cerrarse nuevamente en cualquier momento, reanudó su oración. Sin embargo, lo que oyó fueron pasos acercándose.

Miró a su alrededor nuevamente, pero no vio a nadie. Desconcertado, reanudó su oración, hasta que oyó otra vez los pasos y el sonido de alguien pesado sentándose en la primera banca. Para contrarrestar los ruidos misteriosos, mi amigo se puso a orar en voz alta, y luego se sorprendió al oír al "individuo" levantarse y sentir un aliento frío en su cara y su cuello. Cuando levantó la mirada, algo lo agarró por la garganta y comenzó a luchar con él físicamente, impregnándolo todo el tiempo con un frío intenso.

Mi amigo balbuceó el nombre de Jesús, con lo cual su

adversario inmediatamente lo dejó en libertad, como si hubiera recibido un golpe, y huyó de la iglesia.

Este increíble relato demuestra por qué es tan vital que no miremos a ninguna otra fuente espiritual que no sea Jesús. Los ángeles pueden señalarnos el camino, pero solo Jesús es el camino. Si Dios decide enviar a un ángel para que nos ayude, ese ángel necesariamente reconocerá a Jesús como el Hijo de Dios, y nos dará instrucciones absolutamente acordes con las enseñanzas de la Biblia. Nunca debemos tener miedo de pedirle a Jesús discernimiento.

Si un ente con apariencia angelical llega con alguna instrucción o mensaje para usted, y el noventa y nueve por ciento de lo que dice suena correcto, rechácelo por causa del uno por ciento defectuoso. Permítame decirle que el veneno para ratas comercial no está compuesto completamente de veneno, sino mayormente de granos comestibles. Pero el pequeño porcentaje de veneno que contiene es lo suficientemente fuerte como para matar a los roedores que lo comen.

Parece ser entonces que negarnos a resistir la tentación es de gran ayuda, así como también la fuerza que nos ayuda una vez que hemos tomado la decisión. Sabemos que la Biblia prohíbe terminantemente cualquier participación con lo oculto. Podemos invocar el nombre de Jesús para obtener protección, y sus ángeles lucharán por nosotros y nos fortalecerán.

8

El enfoque adecuado

Es de vital importancia que mantengamos nuestra concepción de los ángeles en la perspectiva correcta. Tenemos que recordar dos aspectos importantes que consideraremos en su momento: En primer lugar, solo hemos de acudir a Jesús en busca de ayuda, y nunca a los propios ángeles; así como los ángeles solo acuden a Jesús en busca de instrucciones. Y en segundo lugar, los ángeles y los seres humanos comparten una misión común: adorar solo a Jesús.

El apóstol Pedro explicó que Jesús "subió al cielo y tomó su lugar a la derecha de Dios, y a quien están sometidos los ángeles, las autoridades y los poderes" (1 P. 3:22). Aunque es permisible que busquemos ayuda angelical, existe claramente solo un enfoque correcto, y es a través de Jesucristo. Cuando Jesús fue resucitado de entre los muertos y ascendió a la sala del trono del Padre, se convirtió en nuestro Intercesor.

Él conoce nuestras necesidades, ora por nosotros día y noche, y como indica claramente el pasaje de 1 de Pedro, comanda muchos regimientos de ángeles ministradores en respuesta a nuestras oraciones. Cuando oramos de acuerdo a su voluntad, Él lleva nuestras peticiones ante el Padre, y entonces responde.

Fuerzas angelicales responden nuestras oraciones al mandato de Jesús, no al nuestro. Tenemos que ir a través de los canales apropiados, y mantener la actitud correcta ante Dios. Después de todo, el mismo Jesús se subordinó voluntariamente al Padre.

Cuando Él permitió que lo arrestaran, por ejemplo, les dijo a sus discípulos: "¿Crees que no puedo acudir a mi Padre, y al instante pondría a mi disposición más de doce batallones de ángeles?" (Mt. 26:53). Así que si Jesús mismo se sometió de esta manera, nosotros también debemos someternos a Dios y expresarle nuestra necesidad.

Por desgracia, no siempre seguimos el ejemplo de Jesús. En algunas oportunidades, cuando hacemos solicitudes específicas a Dios, pedimos mal, como escribió Santiago, porque nos acercamos a Dios "con malas intenciones" (Stg. 4:3).

Ahora, ¿es una mala intención pedir ayuda personal? No lo creo. Nuestro Padre celestial cuida de nosotros y

El enfoque adecuado

está preocupado por los detalles más íntimos de nuestras vidas.

Derrick Richardson aprendió de primera mano cuánto se preocupa Dios por nosotros. Cuando estaba en Vietnam perdió la mitad de su rostro por la explosión de una granada, y tuvo que ser transportado a un hospital en Estados Unidos. Antes de que su esposa pudiera llegar al hospital, ella temía que él se deprimiera tanto que tratara de quitarse la vida. "Señor, presérvalo con vida hasta que yo llegue—oró—. Que tus ángeles le impidan quitarse su propia vida".

Al parecer su intuición estaba inspirada divinamente, ya que tenía razón. Mientras ella oraba para que un ángel lo rodeara y lo protegiera, Derrick se las ingenió para conseguir un espejo, y se sintió tan desesperado al ver su reflejo, que extendió la mano para tirar del tubo que le proporcionaba oxígeno. Cuando su esposa llegó, sin embargo, lo encontró aún respirando y con hambre. Por error había desconectado la manguera de su alimentación intravenosa.

Desde entonces la vida de Derrick obviamente no fue fácil. Tuvo que atravesar por la convalecencia y una cirugía reconstructiva. pero su esposa siempre estuvo a su lado para apoyarlo, y ambos están agradecidos de que Dios contestó la oración de ella y envió un ángel para que interviniera y salvara su vida.

La esposa de Derrick acudió directamente a Dios, y su petición no era egoísta. Dios ciertamente quiere ayudar a sus hijos hasta en los más pequeños detalles. Una vez en la que mi esposo hizo un viaje en autobús por Bangalore, India, vio subirse a una mujer que lleva una cesta pesada en su cabeza. La mujer se sentó con la frente y el seño fruncidos, aún con su carga sobre la cabeza.

El conductor del autobús miró por el espejo retrovisor y le dijo: "*Ama* [que significa madre], pon tu cesta en el suelo, que ya estás en el autobús".

Ella respondió con una mirada de alivio mezclada con vergüenza y bajó su pesada carga.

No había ninguna necesidad de que la mujer de llevara su carga cuando esta estaba sobre el autobús. De la misma manera, tampoco hay necesidad de que nosotros llevemos cargas físicas o espirituales que Dios quiere llevar por nosotros. ¿Cuántas veces hemos bloqueado la protección de nuestros ángeles de la guarda, los cuales forman parte del cuidado que Dios tiene por nosotros, simplemente porque nos negamos a poner nuestras cargas sobre Jesús? Se nos ha exhortado: "Depositen en él toda ansiedad, porque él cuida de ustedes" (1 P. 5:7).

Aun así, Dios actúa muchas veces a nuestro favor a pesar de nosotros; así como también muchas veces asume el papel de Padre amoroso para con los que aún no son sus hijos.

La siguiente carta la recibí de parte de una joven mujer que alcanzó la salvación gracias a la actividad angelical en su vida:

El enfoque adecuado

Querida Betty:

Antes de que yo supiera algo acerca de los ángeles, me caí hacia atrás en el hielo y sentí dos enormes cálidas manos debajo de mí. Ni siquiera golpeé el hielo, simplemente me bajaron suavemente. No vi nada. Yo en ese momento pensaba que estaba salvada, pero Dios sabía que estaba dudando de Él, así que tenía que llamarme la atención. Y realmente lo hizo. Ahora creo con convencimiento, y desde entonces he aprendido sobre los ángeles. Gracias a Dios, esta experiencia me llevó a Jesús y a la salvación.

Su amiga,

—Genevieve

A pesar de las maneras compasivas o poderosos en las que Dios puede usar a los ángeles en nuestras vidas, debemos tener cuidado en no darles el crédito a ellos, sino únicamente a Dios. Los ángeles fueron creados para servir y adorar a Dios (ver Heb. 1:6-7), y no para que los adoremos. Cuando el apóstol Juan fue visitado por un ángel en la isla de Patmos, con el propósito de revelarle acontecimientos por venir, estaba tan impresionado que cayó de rodillas para adorar al ángel. "¡No, cuidado! —le dijo el ángel—. Soy un siervo como tú [...] ¡Adora solo a Dios!" (Ap. 22:8-9); y Pablo declara que la adoración a los ángeles es suficiente para privarnos de nuestro premio (ver Col. 2:18, RVR60).

Las Escrituras dicen claramente que no es correcto adorar a los ángeles, aunque podemos respetar su trabajo como sirvientes. Ellos han sido comisionados por Jesús para darnos valor, sanarnos, protegernos, reconfortarnos, y otras clases de intervenciones milagrosas. Pero los múltiples y profundos ministerios de los ángeles siempre señalarán a Jesús, llevando sus mensajes a su pueblo y dándole la gloria a Dios.

Si pudiéramos mantener el ministerio de los ángeles en la perspectiva correcta, en lugar de hacer sensacionalismo con él o negarnos a reconocer su validez, tal vez el Señor permitiría que pudiésemos ver más de sus actividades.

Aun así, Él nos provee cada cierto tiempo de pruebas asombrosas; y con esto me estoy refiriendo a registros fotográficos fenomenales de apariciones angelicales. Aunque estas pruebas son difícilmente mejorables, pueden darnos una vislumbre fascinante del reino sobrenatural.

La primera de estas tres imágenes me la proporcionó una amiga de Flasher, Dakota del Norte. Mientras una entusiasta de la fotografía amiga suya visitaba Italia, le tomó algunas fotos a varias formaciones de nubes inusuales con la ayuda de un lente de gran alcance. La imagen es increíble, de hecho impacta. En la fotografía en colores, el cielo luce brillante, con tonos ámbar y deslumbrantes rayos de luz amarilla. Rayos de luz salen hacia arriba, al igual

El enfoque adecuado

que las oraciones que ascienden de la tierra hasta la sala del trono que vi durante mi experiencia cercana a la muerte. También hay lo que parecen ser dos filas de ángeles en formación de herradura como si estuvieran frente a un trono. Todos firmes, sus brazos se levantan en impresionante coreografía adorando a Jesús. La fotógrafa cree que se trata de "ejes de oración" reales, como se los describe en Apocalipsis:

> "Se acercó otro ángel y se puso de pie frente al altar. Tenía un incensario de oro, y se le entregó mucho incienso para ofrecerlo, junto con las oraciones de todo el pueblo de Dios, sobre el altar de oro que está delante del trono. Y junto con esas oraciones, subió el humo del incienso desde la mano del ángel hasta la presencia de Dios".
>
> —Ap. 8:3-4

Otra amiga me dio una fotografía inusual tomada por unos vecinos de ella, una pareja de jóvenes, durante su primer vuelo por avión. Ambos estaban preocupados, pero sus amigos y familiares les aseguraron que los ángeles protegen los vuelos cuando los cristianos oran. Una vez a bordo, se relajaron y disfrutaron de la primera media hora del viaje, mirando las nubes y tomando casi un rollo completo de película para capturar su belleza. Entonces, el capitán anunció que se dirigían hacia una turbulencia inesperada.

El avión comenzó a tambalearse y hacer movimientos

terribles, mientras la pareja oraba, sorprendidos por su calma. Finalmente atravesaron la tormenta, y aterrizaron de manera segura.

Una vez en casa, tomaron las fotografías ya reveladas y se quedaron estupefactos al ver una de ellas. Allí, en una formación de nubes, estaba lo que parecía un enorme ángel con una expresión confiada y los brazos extendidos, como al mando de la seguridad.

En un tercer ejemplo, poseo una cinta con una grabación fenomenal de una pequeña congregación en Londres, Inglaterra, en la que se entona el familiar coro "Aleluya" de Gaither. A medida que las personas repiten la canción varias veces, sienten una respuesta divina a su adoración, como que Dios ha aceptado su alabanza y está satisfecho. Poco a poco, se dan cuenta de que la canción ha crecido en plenitud, volumen y rango: ¡Estaban siendo acompañados por un gigantesco coro!

Después del servicio escucharon la cinta. En ella había quedado registrado el misterioso coro, cantando en tonos sostenidos sin pausas para respirar, y con voces muy alejadas del rango de los seres humanos. Un profesor de música descubrió que las notas más altas estaban dos octavas por encima del DO central, así como el LA por encima de este, llegando casi al final del registro de piano.

Cada uno de estos ejemplos produciría más sospechas si los fotógrafos o la congregación hubiesen estado pendientes de registrar algún acontecimiento sobrenatural;

El enfoque adecuado

pero no fue así. ¿Cómo pudieron estos acontecimientos milagrosos ser registrados por instrumentos humanos de grabación y lentes de cámaras? Yo siempre he creído que si algo puede ser explicado, entonces no es un milagro.

Sabemos que en ocasiones Dios puede abrir y abre nuestros ojos y nuestros oídos espirituales para que podamos ver más allá de las realidades "normales" de nuestro mundo. Si Él puede hacer eso, ¿no puede entonces abrir también el ojo del lente de una cámara? Y si lo desea, ¿no puede permitir que tengamos una vislumbre de los sonidos de nuestro verdadero "hogar", las voces unidas de innumerables ángeles tal como las escucharemos algún día, en la alabanza de la iglesia y la adoración de Jesús?

Por ahora lo importante que debemos recordar es que en cada acontecimiento milagroso relacionado con ángeles, debemos enfocarnos es en Jesús. Ellos llevan a cabo sus mandatos, le dan gloria, y les hablan a otros sobre su consuelo y amor. Independientemente de lo emocionante que pueda ser una visita angelical, hemos de mantener nuestros ojos fijos en Jesús, acercarnos a Él en oración en relación con sus ángeles, y adorarlo solo a Él.

9

CERRAR
LA BRECHA

Hay mucho que podemos aprender de esos incansables siervos de Dios que son los ángeles. Y es que Dios también nos ha llamado a nosotros a ayudar a otros cuando enfrentan circunstancias difíciles: ayudarlos en su lucha contra el mal; alentarnos frente a la indecisión de entender los mandatos de Dios y sentirse seguros bajo su cuidado; ayudar a los desamparados, hambrientos, pobres, y enfermos; fortalecer a los que luchan contra la tentación para que permanezcan en la voluntad del Señor; e interceder por las necesidades de otros. Lo más importante, es que hemos de declarar a un mundo perdido que Jesús es el Salvador.

Aquí es donde los ángeles sobresalen. Son funcionarios, embajadores, agentes, e interventores que trabajan para proteger el alma eterna de la condenación, de la separación del Dios eterno. En los campos de Belén anunciaron

Cerrar la brecha

a Jesús como el Salvador del mundo; y nosotros podemos unirnos a las huestes celestiales en alcanzar a la gente de todas las naciones con las buenas nuevas.

Un testimonio fascinante de una mujer japonesa llamada Constanza revela cómo puede mezclarse nuestro trabajo y el de los ángeles en la vida de alguien para llevarlo o llevarla a la salvación.

Constanza había caído accidentalmente en un río en Tokio, y se estaba ahogando. Luchaba frenéticamente para mantener su cabeza fuera del agua, pero a pesar de ello comenzaba a hundirse por cuarta vez. Sabía que no podría sobrevivir durante más tiempo. Ella cuenta que seguidamente unas "manos fuertes" la tomaron por detrás y la llevaron a un lugar poco profundo cerca de la orilla. Finalmente logro ponerse de pie, se dio la vuelta jadeando y temblando, y le dio las gracias a su Salvador. Pero nadie estaba allí.

Después de esa misteriosa liberación, Constanza tomó la determinación de encontrar a Dios. El 1 de enero de 1954, escribió en su diario: "Este es el año en que debo encontrar al verdadero Dios. Él existe, y voy a encontrarlo". Al día siguiente vio un cartel invitando a cualquiera que estuviera interesado a asistir a escuchar a una pareja de misioneros estadounidenses. Con la esperanza de que pudieran ayudarla con algunas de sus preguntas, asistió a la reunión, y se quedó sorprendida de que no tuvieran imágenes de los dioses en la pared. Los japoneses, como explica Constanza, tienen ocho millones de dioses, que van desde cabezas de pescado hasta halcones.

Ella describió esta nueva fe cristiana de esta manera: "Ellos adoraban a un Dios que era invisible como el ángel que me había rescatado en el río. Su Dios estaba en cada uno de ellos, y se transmitía a través de ellos cuando me hablaban de Él y lo adoraban. El misionero dijo: "Jesús es el Príncipe de Paz, la alegría eterna que no depende de circunstancias externas. Pasé al frente por ese Dios y su paz. Dije: "Mi corazón me dice que el misionero está diciendo la verdad".

Constanza se enteró luego de que la pareja había estado orando porque necesitaban un intérprete para sus reuniones. Aunque al principio se sentían un poco desalentados porque ella era su única conversión, se regocijaron al saber que ella era maestra y que quería ayudarlos. Constanza sabía que su familia se sentiría traicionada por sus nuevas creencias, y que tratarían de obligarla a volver a su paganismo. Y así fue. A los pocos días se planificó una reunión familiar, y Constanza vio como su nueva creencia—o su propia vida—estaba en juego. Oró para que Dios se le revelara en ese momento como el único Dios, o de lo contrario no podría hacer frente a las dificultades que tenía por delante.

"De repente—dijo ella—, hablé en Inglés, en japonés, y luego en un idioma diferente. Supe entonces que aunque todo el mundo dijera: 'Él no es Dios', Él es un Dios bueno".

Cuando llegó por primera vez a la celebración familiar, ella no fue capaz de comunicarse en ningún idioma, sino solo en el nuevo idioma. Su padre y su hermano, los "señores de la familia", la llevaron a una habitación, cerraron la puerta y trataron de "sacarle a Jesús" a punta de golpes, pero ella no sintió dolor, sino solo una presencia sagrada. Estaba dispuesta a morir por el verdadero Dios, ya que la muerte solo significaría el éxtasis de verlo.

Los hombres continuaron la paliza hasta que su madre irrumpió en la habitación y se arrojó sobre el cuerpo de su hija para salvarla. Disgustados, se fueron, y Constanza fue capaz de escapar a la casa de los misioneros.

Un tiempo después, Constanza leyó en su Biblia que los ángeles de Dios son "espíritus dedicados al servicio divino, enviados para ayudar a los que han de heredar la salvación" (Heb. 1:14). Gracias a la intervención del ángel que la rescató del río, Constanza pudo conocer a Jesús y heredar la salvación. Se dio cuenta de que Dios la había estado buscando todo el tiempo, y había puesto el ella el deseo de buscarlo.

Varios años después, ya sólida en la fe cristiana, Constanza vivió una experiencia emocionante al poder llevar a su mamá, que había sufrido un derrame cerebral y tenía ochenta cinco años, a una reunión de la iglesia donde pudo conocer a Jesús y recibir la comunión. Su madre fue sanada en alma y cuerpo.

A través de la oración y el trabajo de dos misioneros, así

como de un ángel fuerte, Constanza alcanzó la salvación y se preparó para ministrar a otros. Ella y su esposo estadounidense, ahora misioneros en Japón, llevan a otros la verdad del evangelio, y dan testimonio de cómo los ángeles nos protegen de manera que podamos ser salvos e invertir nuestras vidas en la salvación de los habitantes del mundo.

Del mismo modo, un grupo de cristianos en Indonesia que estaban tratando de alcanzar a los perdidos, hicieron un descubrimiento sobre la estrecha participación de los ángeles en la obra. Ellos estaban construyendo una iglesia, pero los fondos eran muy limitados, así que decidieron tomar una fotografía de la iglesia inacabada y enviar copias con solicitudes de dinero para completar el trabajo.

Sin embargo, cuando fueron a revelar las imágenes los negativos estaban en blanco. Alguien entonces recordó que no habían orado antes de la sesión fotográfica, y sugirió que intentaran de nuevo pero pidiéndole al Señor que se encargará de la imagen y del proyecto de solicitud de fondos.

Para su asombro, en el segundo conjunto de imágenes apareció un ángel muy alto de pie en la puerta del edificio sin terminar, como dando la bienvenida a los visitantes y apoyando al proyecto.

Después de eso, todos los fondos que necesitaban llegaron. Una vez que la iglesia fue construida, ardió el fuego del avivamiento y muchos corazones que buscaban la verdad llegaron a los pies de Jesús. Los cristianos indonesios concluyeron que tuvo que haberse tratado de un ángel de salvación endosando una "estación para salvar almas".

Mi amigo Morris Plotts, todo un guerrero de la oración, me relató una tercera experiencia que muestra hasta que punto pueden llegar los ángeles para llevar el mensaje del evangelio a quienes lo necesitan, y la forma en que nosotros mismos podemos asumir una parte de la función de los ángeles.

Es una experiencia tan milagrosa que dudé en incluirla en este libro. ¡La escribí, la borré, y la volví a escribir no menos de cuatro veces! A pesar de que la historia es difícil de creer, yo le creo completamente a mi amigo Morris, así que finalmente decidí compartirla. Fue algo que le ocurrió a un amigo misionero suyo.

Warren Brickman había estado intercediendo durante horas cada día para que los no creyentes en Rusia alcanzaran el gozoso conocimiento del poder salvador de Jesús. Además de la oración, había enviado material escrito y grabaciones, todo en ruso, para ayudar a los que estaban tomando estudios bíblicos en casa para difundir el evangelio.

Una noche, después de la oración y el ayuno, Warren levantó la vista y vio a un enorme ángel de pie delante de él, el cual le dijo lo siguiente: "Hoy tengo una misión para ti". Warren sintió entonces que fue transportado más rápido que el viento, y seguidamente se encontró caminando por un sendero en una ciudad extraña. Pasó junto a un jardín de vegetales y vio una casa al final de la calle. Se acercó a la puerta, en silencio la abrió, y vio una pequeña reunión de gente que estaba acurrucada escuchando atentamente un reproductor de casetes.

Todos miraron hacia arriba con una sonrisa, como si lo conocieran, y se alegraron de verlo. Uno de los hombres le habló en Inglés: "Este es su testimonio, señor Brickman. Hemos estado orando para que usted venga hasta acá a enseñarnos más".

Warren habló con ellos durante horas, hasta que se cansó. Le hicieron preguntas y se sumergieron en sus palabras como si estuvieran sedientos y él era la única fuente que saciaba su sed. Finalmente compartieron una comida con él que consistía en un pan negro endurecido. Este dejaba un residuo parecido al aserrín en la boca de Warren, así que tuvo que comerlo lentamente, sosteniendo el pequeño trozo de pan en su mano, sin querer negarse a su generosidad.

Entonces, sin previo aviso, sintió que su cuerpo era transportado de nuevo. Apareció en su propia casa, sin dejar de masticar el pan duro, con su esposa atónita mirándolo fijamente a él y a la barra de pan negro en su mano. Él le relató su increíble experiencia, y puso el pan en un estante de la alacena como un recordatorio para continuar sus oraciones.

Unos días más tarde un amigo de Warren vino a verlo y notó el pan. Él lo reconoció como el pan negro casero que había visto hacer durante un viaje que había hecho a

Rusia. Él tenía la intención de ir de nuevo, y Warren le describió lo mejor que pudo la ubicación, la calle, la casa, y el nombre del grupo, tal como los había memorizado durante sus largas horas con ellos. El amigo se comprometió a hacer todo lo posible por encontrarlos.

Durante semanas Warren esperó ansiosamente que su amigo regresara de su viaje, aunque de alguna manera sabía que encontraría al grupo. Aun así, Warren no dejaba de sorprenderse por los detalles que le había dado su amigo de la ubicación y la gente que había visto durante su extraño viaje. Su amigo le contó que el grupo describió la noche en que "el predicador" los había visitado, y los muchos resultados logrados por su ministerio.

Cuando mi amigo Morris me contó esta historia, yo tuve que ser honesta con él. "Morris, esto es bastante difícil de entender. ¿Tú crees que esto realmente ocurrió?".

Él respondió echando mano de su Biblia. Morris tiene casi ochenta años y continúa ejerciendo el trabajo misionero en África, donde ha construido varias iglesias y escuelas. Abrió la Biblia en Hechos 8:26-40, y comenzó a leer en voz alta.

> "Un ángel del Señor le dijo a Felipe: 'Ponte en marcha hacia el sur, por el camino del desierto que baja de Jerusalén a Gaza'. Felipe emprendió el viaje, y resulta que se encontró con un etíope eunuco, alto funcionario encargado de todo el tesoro de la Candace, reina de los etíopes. Este

había ido a Jerusalén para adorar y, en el viaje de regreso a su país, iba sentado en su carro, leyendo el libro del profeta Isaías. El Espíritu le dijo a Felipe: 'Acércate y júntate a ese carro'. Felipe se acercó de prisa al carro y, al oír que el hombre leía al profeta Isaías, le preguntó:

—¿Acaso entiende usted lo que está leyendo?

—¿Y cómo voy a entenderlo—contestó—si nadie me lo explica?

Así que invitó a Felipe a subir y sentarse con él. El pasaje de la Escritura que estaba leyendo era el siguiente: 'Como oveja, fue llevado al matadero; y como cordero que enmudece ante su trasquilador, ni siquiera abrió su boca. Lo humillaron y no le hicieron justicia. ¿Quién describirá su descendencia? Porque su vida fue arrancada de la tierra'.

—Dígame usted, por favor, ¿de quién habla aquí el profeta, de sí mismo o de algún otro? —le preguntó el eunuco a Felipe.

Entonces Felipe, comenzando con ese mismo pasaje de la Escritura, le anunció las buenas nuevas acerca de Jesús".

Yo asentía mientras Morris continuaba leyendo el conocido relato de Hechos. Y es que ahora comenzando a entender.

Mientras iban por el camino, llegaron a un lugar donde había agua, y dijo el eunuco:

Cerrar la brecha

—Mire usted, aquí hay agua. ¿Qué impide que yo sea bautizado?

Entonces mandó parar el carro, y ambos bajaron al agua, y Felipe lo bautizó. Cuando subieron del agua, el Espíritu del Señor se llevó de repente a Felipe. El eunuco no volvió a verlo, pero siguió alegre su camino. En cuanto a Felipe, apareció en Azoto, y se fue predicando el evangelio en todos los pueblos hasta que llegó a Cesarea".

Morris cerró la Biblia. "Esta historia de Felipe muestra cuán diverso es nuestro Dios—dijo pausadamente—. Él fácilmente puede darnos unas instrucciones que debemos seguir, de manera que, como Felipe, podamos ir directamente donde la persona necesitada. Pero también al igual que Felipe, el Señor puede transportarnos milagrosamente donde Él quiere que estemos. Si Felipe fue trasladado para que predicara, ¿por qué Dios no pudo haberlo hecho con este hombre que había intercedido por el pueblo ruso durante tanto tiempo? Dios obra de maneras misteriosas".

Tuve que admitir que tenía razón. Los caminos de Dios van sin duda más allá de mi comprensión limitada. Sería un error dudar de las capacidades de Dios solo porque encontramos lo milagroso difícil de creer.

Pero, ¿no son la mayoría de los asuntos de Dios difíciles de creer? ¿Quién puede comprender un corazón perdonador como el de Él? ¿Cómo podemos empezar a comprender ese amor que permitió que su propio Hijo sufriera y muriera para que nosotros pudiéramos vivir con Él para siempre? Es el mismo amor y corazón compasivo que continúa escuchando nuestras oraciones y enviándonos ayuda, y que creó a los ángeles para ministrar a aquellos que son herederos de la salvación.

Tal vez cuestionamos el ministerio de los ángeles porque no todos lo hemos experimentado. En Juan 12:28-29, cuando una voz del cielo le habló a Jesús, algunos dijeron que había sido un trueno, mientras que otros dijeron que había sido un ángel el que le había hablado. Sin embargo Juan y al parecer otros oyeron con claridad una voz. Dado que no todos escucharon lo mismo, ¿queda invalidada la experiencia?

El Señor tiene muchas maneras de alcanzarnos, Sus ángeles ministradores son una de las más importantes. Ellos nos vigilan sin descanso, ayudándonos en los momentos que nos abruman, siempre señalando a Jesús.

Los ángeles están a mi lado y su lado, observando y trabajando hasta aquel día feliz en que nos puedan acompañar hasta el trono del poderoso Rey del universo, algo que el poeta James Weldon Johnson describió como "la mañana del gran despertar", cuando todos juntos adoraremos a Jesús para siempre.

Epílogo

Una mirada hacia adelante

Dios muchas veces hace lo extraordinario a través de lo ordinario. Pareciera que sus misterios se revelan de una manera más plena a través de los corazones más sencillos y confiados que permanecen en Él cada día. Una vez Jesús oró: "Te alabo, Padre, Señor del cielo y de la tierra, porque habiendo escondido estas cosas de los sabios e instruidos, se las has revelado a los que son como niños" (Lc. 10:21). Él se refería, en parte, a que a veces sabemos con nuestros corazones lo que nuestra mente no puede comprender.

Jesús está buscando creyentes, cristianos corrientes como tú y como yo a través de los cuales pueda eliminar el miedo, revelar su esperanza, y mostrar una nueva dimensión del amor, sobre todo en estos turbulentos días en los que la desesperación se ha apoderado de muchos corazones.

Estamos viviendo un tiempo que pareciera establecer un paralelismo con los acontecimientos en el libro de Hechos en cuanto a la expectativa sobre los acontecimientos del Apocalipsis. Hemos visto a Jesús en medio de nosotros y hemos sido comisionados a difundir las buenas nuevas, pero no hemos llegado al momento en que Jesús regresará por los suyos. Y así como pareciera que nuestra capacidad para llegar a los rincones más lejanos de la tierra con el evangelio ha crecido, la oposición a ese mensaje también ha crecido como nunca antes.

Satanás no solo quiere evitar que les hablemos a los demás de Jesús. Él quiere que aquellos que conocemos a Jesús nos alejemos de Él. Personalmente creo que a Satanás le encantaría poder hacer estallar la tierra. Eso no solo acabaría con todos los creyentes, sino que evitaría que la Palabra llegara a cualquier otra persona a través de ellos. Esto que acabo de decir suena alarmante, especialmente si tomamos en cuenta que hay suficiente energía en manos de la gente en este momento como para destruir el planeta, excepto por una cosa: los santos ángeles de Dios.

El apóstol Juan, observando la tierra a través de visión telescópica espiritual, dijo: "Vi a cuatro ángeles en los cuatro ángulos de la tierra" (Ap. 7:1).

Ahora, consideremos lo que hemos aprendido sobre la tierra por parte de la ciencia. La Biblia no dice que la tierra es cuadrada, sino que tiene cuatro esquinas, o cuatro prominencias, por decirlo de alguna manera. Cuándo el astronauta Ed White y su equipo fotografiaron la tierra desde su posición privilegiada en el espacio exterior, sus imágenes mostraron cuatro prominencias distintas en la tierra. La primera va desde el norte de Irlanda hasta el Polo Norte; la segunda desde Sudáfrica hasta la Antártida; la tercera desde las islas de Nueva Guinea hasta Japón; y la cuarta

Epílogo

es de aproximadamente doscientas millas (trescientos veintiún kilómetros) al oeste de Perú.

Según lo veo, los ángeles apostados en estas cuatro esquinas están reteniendo los vientos de destrucción o el poder de dañar la tierra y el mar. Los ángeles no solo tienen esa potestad; yo también creo que algún día atarán a Satanás y lo echarán en el lago de fuego, donde será atormentado con otros engañadores para siempre (ver Ap. 20:10).

Yo espero ansiosamente el día en que

> "el Señor mismo descenderá del cielo con voz de mando, con voz de arcángel y con trompeta de Dios, y los muertos en Cristo resucitarán primero. Luego los que estemos vivos, los que hayamos quedado, seremos arrebatados junto con ellos en las nubes para encontrarnos con el Señor en el aire. Y así estaremos con el Señor para siempre".
>
> —1 Tes. 4:16-17

Él cuenta con nosotros para lograr muchas cosas antes de que venga de nuevo. Esto podría significar que tengamos que caminar por fe y no por vista, pero tenemos el estímulo de saber que una gran hueste angelical está a nuestro lado en cada paso del camino.

Betty Malz escribió diez exitosas obras:

Ángeles a mi lado
El cielo: un lugar resplandeciente y glorioso
Making Your Husband Feel Loved
Morning Jam Sessions
Una visita a la eternidad
Prayers That Are Answered
Simplicity
Living Super Natural
Touching the Unseen World
Women in Tune

Fue también una conocida oradora especialista en el tema de los cielos, los ángeles, y lo sobrenatural. Su visita al cielo después de haber sido declarada clínicamente muerta está registrada en su muy estimada obra *Una visita a la eternidad*, cuyo prólogo fue escrito por Catherine Marshall, y que ha tocado los corazones de millones de lectores desde su publicación en 1977.

Betty nació en Terre Haute, Indiana, y se consideraba una *hoosier* hasta la médula. Con su primer esposo, John Upchurch, tuvo dos hijas: Brenda y Abril. Su amor por Florida la llevó con su segundo esposo Carl Malz a la hermosa costa de este estado.

Betty era una mujer alta, elegante, y amante de la diversión. Su fotografía preferida de ella misma era en una en la que aparece en su convertible MG. Betty falleció en febrero de 2012.

tostado   ensordecedores
Cima-   Truenos
sótano   Progresó
zancadas   ajeno nuevo
pórtico   desarrollar
Murallas   huestes
anhelo   Velando
Plana   cedió
Torrente   roer
Columpio   obstruida
Hule   asomerado
Zacate   Concordacia
sugerí   regocijar
Posando   relatos
disponible   adecuada
Maltrez   tentado
terrenales   pequeñas
Inverushlemen   siervos
Historia la   granja
                   atavíos
                   Rapacez

Pasmado
Cima
entorno
zancadas
Pórtico
Murallas
anhelo
Plena
Torrente
Columpio
Fluia
ejecutar
susurró
Pasmado
disernible
adultrez
terrenales
invariablemente
Alimentado

ensordecedores
Truenos
Propensa
sinnúmero
desarrollan
huestes
velando
cedió
roer
abstraida
asombrada
concordacia
regocijan
relatos
adecuada
tentado
paganos
siervos
granja
alvergamos
Parafraseé